BIBLIOTHÈQUE THÉOSOPHIQUE

ANNIE BESANT

L'ÉVOLUTION

DE LA VIE

ET DE LA FORME

TRADUIT DE L'ANGLAIS

PARIS
PUBLICATIONS THÉOSOPHIQUES
81, RUE DAREAU, 81

1917

L'ÉVOLUTION

DE LA VIE ET DE LA FORME

8ᵉ R

929/8

BIBLIOTHÈQUE THÉOSOPHIQUE

ANNIE BESANT

L'ÉVOLUTION

DE LA VIE

ET DE LA FORME

TRADUIT DE L'ANGLAIS

PARIS
PUBLICATIONS THÉOSOPHIQUES
81, RUE DAREAU, 81

1917

INTRODUCTION

INTRODUCTION

C'est présumer beaucoup que d'entreprendre de traduire ces conférences, toutes pénétrées de chaleur et de vie, de transporter dans une langue étrangère un écho affaibli de cette parole où vibre la profonde harmonie d'une pensée puissante et d'un cœur généreux : non sans regrets de n'avoir pu mieux faire, nous offrons cet essai, avec l'assurance d'avoir fait de notre mieux.

Peut-être semblerait-il plus présomptueux encore d'avoir ajouté au texte quelques notes et au premier chapitre un avant-propos ; qu'il nous soit permis d'en donner la raison.

Ces conférences furent prononcées, à Adyar, au 23ᵉ anniversaire de la Société Théosophique : les auditeurs, des Hindous pour la plupart gradués des Universités britanniques ou aspirant à l'être, étaient familiarisés avec le symbolisme religieux de leur race et sa terminologie philosophique ; de là l'introduction de quelques éclaircissements qui, pour le lecteur français, deviennent indispensables.

Un certain nombre de notes dérivent d'une intention différente : tandis que le vaste plan de ces quatre conférences se déroulait devant nos yeux, — à mesure que nous pénétrions dans le clair-obscur de cette majestueuse doctrine (claire dans la mesure où elle éveille en nous d'intimes certitudes, obscure toutefois aussi dans la mesure où la raison l'accueille comme une féconde hypothèse, mais demeurant aveugle aux clartés qui illuminent l'intuition, demande qu'elle lui soit confirmée), nous nous sentions mené le long d'une large et très sûre avenue vers le *Savoir* — but commun où tendent toutes les voies de la connaissance humaine, les Sciences, les Religions, les Philosophies, comme les sentiers qui s'attardent aux flancs de la montagne convergent tous vers son sommet. Il est maintes fois advenu qu'une éclaircie nous laissait apercevoir les unes ou les autres de ces voies, proche de la nôtre au point de se confondre avec elle, et, tout en suivant pas à pas notre guide, nous avons cru conforme à sa pensée d'envoyer au passage un signe à ceux qui les suivent, pour leur montrer du doigt notre orientation commune et notre commun but.

AVANT-PROPOS

A LA PREMIÈRE CONFÉRENCE

AVANT-PROPOS A LA PREMIÈRE CONFÉRENCE

Cette conférence se divise naturellement en deux parties.

Dans la première, l'auteur fait un parallèle de la méthode objective et de la méthode subjective, des procédés d'investigation de la science moderne — observation et expérimentation, —et de l'expérience interne pratiquée par les adeptes de la Science antique

La seconde partie est une esquisse des données les plus grandioses dues à cette méthode de recherches, l'évolution d'un univers.

Le lien logique entre ces deux parties est l'énoncé d'un petit nombre de principes, universellement admis, dont la conclusion tend à démontrer dans la culture du Moi, dans le développement intégral des pouvoirs latents dans l'homme, dans la pratique de la Yoga en un mot la condition même de toute compréhension réelle.

Il nous a semblé utile de dégager ces principes et d'en exposer l'enchaînement étroit pour permettre au lecteur de s'orienter plus aisément.

1° Par essence, l'Homme est de nature identique à Dieu.

2° Le Moi humain est triple comme le moi divin (l'homme manifeste Intelligence, Sensibilité et Activité dans la connaissance du Vrai, le sentiment du Beau et la volonté du Bien, les trois qualités portées au suprême degré dans la Trinité divine).

3° L'homme évolue de la triplicité imparfaite vers la parfaite triplicité, le stage divin.

4° Tout lui demeure incompréhensible au stage d'imperfection.

5° Au stage suprême, au terme de l'évolution, il atteindra la compréhension totale.

6° La pratique de la Yoga permet de hâter ce résultat.

PREMIÈRE CONFÉRENCE

PREMIÈRE CONFÉRENCE

SCIENCE ANTIQUE ET SCIENCE MODERNE

FRÈRES : Le sujet dont je vais vous entretenir ce matin et les trois matinées qui suivront est un sujet d'une complexité, d'une difficulté considérables. Je ne m'excuse pas de sa difficulté : quand nous nous réunissons ici pour notre assemblée d'anniversaire, nous nous réunissons en qualité d'étudiants et non pas dans des dispositions d'esprit superficielles, comme des gens du monde ; nous nous efforçons de nous préparer par l'étude à l'échange de pensées qui a lieu dans ces réunions : le sujet peut être difficile, parfois il est impossible de le rendre clair et intelligible sans employer certains termes techniques, mais les termes techniques sont pour l'étudiant, à cause de leur précision même, les plus faciles en somme à comprendre : aussi, puisque nous sommes, — en grande majorité, du moins, — des étudiants, moi qui vous parle et vous qui m'écoutez, nous pouvons nous contenter de traiter notre sujet d'une manière technique en utilisant notre terminologie spéciale.

A grands traits, voici mon plan : je me propose de mettre sous vos yeux une conception intelligible de l'évolution en la prenant sous ses deux aspects qui sont l'évolution de la vie et le développement des formes. Je commencerai par vous donner une esquisse des méthodes des « Sciences ancienne et moderne », par vous montrer les orientations vers lesquelles chacune d'elles a dirigé et dirige ses efforts et l'union qui finira, nous l'espérons, par se produire entre elles ; et quelle entreprise renferme un meilleur présage pour le bien du monde entier, un plus heureux augure en faveur des relations des différentes races de l'Humanité que d'essayer de mettre d'accord, sur le plan de l'intelligence, la Science de l'antiquité et celle des temps modernes, la Science de l'Orient et celle de l'Occident, et, en consacrant leur union, de réconcilier les nations actuellement divisées, de faire une réalité objective de cette « Fraternité humaine » que nous rêvons ?

Après avoir ainsi traité d'une manière large et générale de la « Science ancienne et moderne » qui forme mon sujet de ce matin, je continuerai demain en vous parlant des « Fonctions des Dieux », par quoi j'entends les activités de ce côté invisible de la Nature, desquelles dépend le côté visible tout entier : que nous employions ici le nom « Dévas » pour désigner ces Intelligences spirituelles dévelop-

pées, — ou bien, qu'avec les enfants de l'Islam, avec
les Hébreux et les Chrétiens, nous parlions d' « anges »
et d' « archanges », le nom importe peu ; la conception elle-même est commune à toutes les religions
humaines. Nous étudierons donc leurs fonctions dans
l'Univers et nous essaierons de comprendre comment
ils agissent en qualité de Ministres de la Volonté
divine.

Nous poursuivrons alors en traitant de « l'Évolution de la Vie », sous-jacente à l'évolution des formes,
puis nous étudierons en dernier lieu « l'Évolution
des Formes » ; nous verrons comme quoi cette évolution renferme la promesse de la perfection finale,
comment son opération tend à une fin parfaite, combien l'ouvrage de Dieu surpasse tout ce que nous
pouvons imaginer de meilleur. — Voilà notre besogne
esquissée. Nous allons commencer immédiatement
avec la première partie du sujet : « La Science ancienne et moderne ».

Aux temps anciens, — ces temps vers lesquels notre
pensée, dans ce pays, aime tant à se reporter avec
respect et avec orgueil, — ici comme dans toute autre
antique contrée, Religion et Science étaient étroitement unies, — il n'y avait point de discorde entre
l'intellect et l'esprit. Vous pouvez diriger vos recherches vers celle que vous voudrez des anciennes nations du monde ; vous pouvez parcourir la Chaldée
tout entière ; vous pouvez étudier les restes de
l'ancienne Égypte ; vous pouvez traverser la Perse
et fouiller ses monuments ; vous pouvez franchir

l'Atlantique, exhumer les antiques cités ensevelies d'Amérique qui étaient déjà perdues avant que les Astèques eussent constitué le puissant empire qui tomba sous les coups des Espagnols ; vous pouvez aller en Chine, et, dans les profondeurs les plus reculées de ce pays à peu près inconnu, rechercher ce qui subsiste des temps anciens ; ou même, sans franchir les limites de votre propre pays, vous pouvez prendre cette littérature qui est notre orgueil, les œuvres puissantes des Rishis du passé... ; et partout l'antiquité parle une même langue : la Religion révèle l'esprit, la vérité spirituelle qui est *Une* ; l'intelligence étudie cette même vérité dans ses innombrables manifestations et la Science, qui est son ouvrage, la Science qui scrute les phénomènes, — simples images d'aspects du Divin, — étant la compagne, la sœur de la Religion, la discorde entre elles est contre nature et fatale au progrès ! — Telle était l'ancienne manière de voir ; mais, si nous passons à notre propre siècle, nous rencontrons un phénomène tout nouveau : la Religion d'une part remplie de défiance à l'égard de la Science toujours en marche vers de nouveaux progrès ; d'autre part la Science portée à accueillir les revendications religieuses avec une suffisance pleine de dédain. — D'où provint ce divorce ? Pourquoi cette dissension entre deux des grands auxiliaires de l'évolution humaine ? Il n'en faut pas chercher bien loin la raison. Dans le monde occidental, la science des temps anciens, « la Science antique » disparut sous le flot des invasions barbares ;

submergée une première fois sous les vastes remous
produits par la chute de l'Empire romain, elle sombra complètement plus tard dans le naufrage du
même Empire qui avait été reconstitué avec Cons-
tantinople pour centre ; débordant de l'Est et du Nord,
les hordes envahissantes balayèrent l'Europe, appor-
tant l'ignorance à la suite de la domination barbare ;
alors la nuit descendit sur toute connaissance et
d'épaisses ténèbres enveloppèrent les contrées qui
devaient être le berceau d'une civilisation nouvelle.
Quand la Science, soleil levant, vint éclairer de nouveau le monde occidental, elle apparut sous une forme
qui était étrangère, non, plus qu'étrangère, qui
était hostile à la religion dominante de l'époque ; la
Science nouvelle venait des enfants de l'Islam, elle
provenait des races qui reconnaissaient en Mahomet
leur prophète : les premiers qui enseignèrent à l'Europe la Science moderne arrivaient en effet des écoles
musulmanes d'Arabie. Il est vrai que ceux-ci, par leur
hérédité intellectuelle, étaient les descendants de la
pensée grecque ; ils s'inspiraient de l'école de Platon
à travers les néo-platoniciens ; ils reproduisaient les
idées de Porphyre, de Ptolémée et d'autres penseurs
grecs et égyptiens, néo-platoniciens et même gnos-
tiques, mais ils les présentaient sous la forme de la
pensée arabe ; aussi, comme elle faisait son chemin
en Espagne à la suite des Maures conquérants,
comme elle accompagnait l'invasion musulmane qui
venait arracher la Péninsule méridionale à la domination chrétienne de la monarchie espagnole, l'as-

pect sous lequel la Science apparut tout d'abord
aux chrétiens fut un aspect hostile; elle vint comme
un ennemi envahisseur et non comme une puissance lumineuse. De là naquit le conflit : il se
trouva, dans le sein même de la puissante Église
romaine, quelques hommes que les connaissances
nouvelles attiraient irrésistiblement, et qui accueil-
lirent avec joie la Science et les dons qu'elle leur
apportait : ces hommes furent regardés avec défiance, — que dis-je, avec défiance? avec une haine
qui éclata dans la plus âpre persécution.

Lisez l'histoire de Roger Bacon (1), ce moine pro-
digieux; voyez Copernic sur son lit de mort, au moment où ses yeux vont se fermer et où l'on apporte
son œuvre immortelle devant lui qui, par crainte
du bûcher a rétracté ses premières publications;
songez au Campo di Fiori, à Rome, voyez le bûcher
où fut brûlé vif cet homme admirable qui, mis à mort
par son siècle, vit éternellement pour les siècles à
venir, Giordano Bruno (2); écoutez Galilée, abjurant,
les lèvres tremblantes, la vérité qu'il connaît, pour
accepter l'erreur sans démonstration; qui peut suivre
cette voie douloureuse où chaque pas évoque des
souvenirs amers de sang et de feu, sans comprendre
pourquoi la Science est hostile à la Religion, sans
reconnaître avec honte et avec douleur que cette hos-

(1) Voir *Histoire de la Philosophie* de P. Janet et G. Séailles,
p. 1003-1004.
(2) *Ibid*, p. 1009.

tilité a pour cause et pour justification les cruautés
commises par la Religion envers la Science, alors que
la Science était jeune et faible encore ? Tous ceux qui,
parmi nous, tiennent parti pour la Religion doivent
reconnaître que nous recueillons aujourd'hui les
fruits amers de nos propres erreurs passées et que
c'est une juste *loi* qui nous oppose les difficultés et
les obstacles des temps modernes : car la Science
vécut et se développa malgré tout ; elle se développa,
le glaive à la main ; elle eut à lutter pour chaque
pouce du terrain qu'elle occupa sans être jamais à
l'abri du bûcher et de la prison, qu'autant qu'elle
pouvait s'en préserver elle-même. C'est pourquoi
elle rechercha tout ce qui, dans la nature, pouvait
lui servir d'arme contre l'ennemi qui l'attaquait, elle
accueillit avec empressement tout ce qui paraissait
démontrer dans le matérialisme la vraie philosophie
de la vie. Si nous nous reportons de vingt-cinq ans
en arrière, au temps de la jeunesse de quelques-uns
d'entre nous, nous constaterons que l'ombre du matérialisme pesait alors sur la Science occidentale,
qu'il y avait une tendance scientifique grandissante
à « voir dans la matière la promesse et la potentialité de toutes formes de vie ». Vous vous rappelez
ces paroles fameuses du professeur Tyndall qui
n'était certes pas matérialiste dans sa pensée cependant, — un homme religieux plutôt par ses aspira-
tions, — mais qui était presque poussé par le déses-
poir à se prononcer en faveur de la Science et à
repousser les revendications de la Religion, parce

qu'au nombre de celles-ci se trouvait le droit de
bâillonner, le refus au penseur d'exprimer honnê-
tement sa pensée... ; mais la situation change de
plus en plus : à mesure que la Religion devient plus
libérale et plus rationnelle, la Science se montre
moins matérialiste et moins agressive ; nous verrons
bientôt en effet que les déclarations les plus récentes
de la Science moderne, — je ne parle pas de ce dont
vous pouvez juger d'après vos manuels, car, au milieu
de la production débordante de la pensée occidentale, ils sont l'expression d'une science démodée, je
veux parler de la science des maîtres de la pensée,
des chefs du camp scientifique, — nous verrons
qu'elles approchent de plus en plus du terrain où la
Science pourra un jour reconnaître dans la Religion
un auxiliaire et non plus un ennemi. Voici un fait
probant à cet égard ; du haut de cette même chaire
où Tyndall avait prononcé sa fameuse phrase, —
que « dans la matière, il voyait la promesse et la
potentialité de toutes formes de vie », — son succes-
seur, sir William Crookes (un membre de notre Société Théosophique), déclarait, en renversant la proposition de son prédécesseur · « Dans la vie, je vois
la promesse et la potentialité de toutes formes de
matière. »

Telle est la transformation accomplie : et maintenant, passons au détail de notre étude.

La différence fondamentale entre la Science d'autrefois et celle d'aujourd'hui, la voici : la Science antique
étudiait le monde en se plaçant au point de vue de la vie

qui évolue (1), tandis que la Science moderne étudie le
monde en observant les formes au travers desquelles
la vie se manifeste, — la première étudie la vie et ne
considère dans les formes que les expressions de la
vie ; la seconde étudie les formes et cherche à découvrir par le procédé de l'induction s'il existe un principe sous-jacent, une « *substance par quoi la multiplicité des formes puisse être interprétée* ». La première travaille de haut en bas, la seconde de bas en
haut, et ce fait même nous présage qu'il se trouvera
un point de rencontre où elles se rejoindront pour
marcher ensuite la main dans la main.

Toutefois cette différence fondamentale entraîne
des conséquences très importantes : si nous nous
proposons d'aborder la connaissance du monde par
l'étude des formes, notre étude sera d'une complexité
presque sans limites. Prenons un arbre pour exemple :
un tronc unique transmet et distribue la vie, une
multitude de feuilles forment l'expression dernière
de cette vie (c'est l'image de l'arbre de vie, le
grand Ashvattha, cet arbre dont nous avons tous entendu parler, dont les racines plongent dans le Ciel
et dont les branches se déploient sur la surface de
la terre) : si nous commençons notre étude par le
tronc, — le tronc de vie, — nous avons une unité de
plan et nous pouvons saisir la cause des différences
de forme ; mais, si nous débutons par l'étude des

_____

(1) Son domaine constituerait une Biologie transcendan-
tale, par rapport à la moderne Biologie !

feuilles, il nous faudra examiner ces feuilles une à
une, tenir compte de toutes les différences de contour, noter et étudier avec soin les moindres dissemblances de forme. La Science d'aujourd'hui étudie
les feuilles, la Science d'autrefois étudiait le tronc :
c'est là la différence fondamentale.

Nous en trouverons une seconde dans la diversité
de leurs méthodes respectives. Quelle est la méthode
d'investigation de la Science moderne ? — L'homme
de Science doit posséder des facultés de claire observation, un jugement pénétrant, une grande habileté
à rapprocher les semblables et à discerner les différences, mais comme son champ d'études embrasse à
la fois l'infiniment grand et l'infiniment petit, pour
suppléer à l'insuffisance de ses sens limités, il est
obligé de recourir à des instruments et appareils d'une
exquise délicatesse ; on a même été jusqu'à dire que
les progrès de la Science dépendent du perfectionnement des appareils qu'elle emploie... les savants
imagineront donc une balance plus sensible, un procédé plus délicat d'ajustement, appareil après appareil, jusqu'à ce que la perfection semble à peu près
atteinte : — ainsi l'homme de Science moderne qui
poursuit une recherche ne peut se passer du vaste
outillage des instruments appropriés à ses études, car
l'étendue des observations qu'il fera sur les formes
dont il s'occupe est en proportion de la délicatesse
de ces instruments (1).

(1) Voir entre autres Dʳ MIQUEL, *Manuel d'analyse bacté-*

Au contraire l'homme de Science d'autrefois n'a que faire d'instruments ; il n'étudie pas l'évolution des formes, — c'est la vie et non les formes qu'il considère et, pour une étude pareille, il faut d'abord qu'il fasse évoluer son être, la vie qui est en lui-même, car la vie seule peut mesurer la vie, car la Vie seule peut répondre aux vibrations de ce qui vit : son ouvrage consiste à se développer lui-même, à extraire des abîmes de sa propre nature les pouvoirs divins qu'ils recèlent, non pas dans les sens, mais dans le Moi. Ces pouvoirs sont pour lui l'unique moyen de poursuivre ses investigations, car, dans la mesure seulement où il aura développé en lui la Divinité intérieure, il deviendra capable de connaître et de mesurer la Divinité au dehors de lui-même, et ce qui rend cette évolution possible, c'est que, dans leur essence, Dieu et l'homme sont de nature identique. Cette déclaration semble aventureuse et ce n'est pourtant que la vérité fondamentale de toutes les religions : est-il besoin en effet que je vous cite la fameuse formule : « Tu es CELA » ? — faut-il que je vous rappelle cette assertion équivalente, tirée des Écritures hébraïques et acceptée du monde chrétien tout entier : « DIEU créa l'homme à Son Image. Il le créa

riologique des eaux. — « ... Il est vrai que ce travail demandera du temps, de la patience, un laboratoire bien installé, quelques mois d'un travail journalier et assidu, mais ce n'est d'ailleurs _qu'à ce prix_ qu'on arrive dans n'importe quelle branche de sciences à présenter une œuvre sortable ! »

à l'Image de Dieu »? L'enseignement est identique de part et d'autre : toutes les grandes vérités d'ailleurs se retrouvent ainsi, identiques, dans toutes les grandes religions; mais quelle est la signification de cette formule? — DIEU est manifesté dans son Univers : si vous voulez comprendre Son œuvre, vous devez développer le Dieu en vous, sinon Il restera pour jamais voilé à vos yeux (1) : Il est inaccessible à la vision des yeux, la vision de l'intellect est elle-même impuissante à saisir cette Forme que l'intelligence ne saurait atteindre ; mais, quand le MOI qui est DIEU sera développé en vous, le MOI qui est DIEU au dehors deviendra manifeste pour vous dans la plénitude de gloire de SA VIE : tel était jadis le point de départ; aussi l'homme qui autrefois voulait atteindre à la Science avait d'abord à se rendre Divin ; il lui fallait être un saint, avant qu'il pût être un sage, et nul ne pouvait être sage avant d'être pur ; comment en effet des yeux impurs verraient-ils l'Être pur? — C'est donc là la caractéristique de l'homme de Science d'autrefois : il était développé intérieurement avant de pouvoir être instruit extérieurement.

(1) Voir dans *l'Ornement des Noces spirituelles de Ruysbroeck l'Admirable*, traduit par M. MAETERLINCK, page XX dans l'Introduction : « Il faut d'abord rendre l'organe de la vision analogue et semblable à l'objet qu'il doit contempler. Jamais l'œil n'eût aperçu le soleil, s'il n'avait d'abord pris la forme du soleil; de même l'âme ne saurait voir la Beauté, si d'abord elle ne devenait belle elle-même, et tout homme doit commencer par se rendre beau et divin pour obtenir la vue du Beau et de la Divinité. » (PLOTIN.)

A l'homme de Science moderne il n'est pas imposé
de conditions semblables : sans doute il doit exercer
un contrôle sur lui-même et mener une vie régulière,
car, s'il s'abandonnait au déchaînement de ses sens,
son intelligence en serait bientôt obscurcie. Il lui faut
une faculté d'observation pénétrante, un jugement
vigoureux et bien équilibré, une patience à toute
épreuve, une infatigable ingéniosité, une claire perception des ressemblances et des différences : pour
être éminent, il doit posséder toutes ces facultés qui
comptent parmi les plus nobles de l'intelligence...
mais tout ce qu'il demande à la Religion, c'est de le
laisser en paix : jadis la Religion ouvrait à la Science
sa voie..., aujourd'hui, la Science ne lui demande que
de rester de son côté et c'est là ce qui rend notre
tâche difficile : nous avons à montrer que la vie
ne peut être comprise, si l'étudiant *ne vit ce qu'il
recherche*, que la connaissance même des formes
demeure très imparfaite tant que la vie qu'elles manifestent n'a pas été explorée et partiellement comprise. — Cette différence de méthode est fondamentale et nous en retrouverons les conséquences d'un
bout à l'autre de notre étude : elle nous fera comprendre la dissemblance des résultats obtenus.

Essayons maintenant de aisir plus clairement
pourquoi le développement du soi était indiqué à
l'homme de Science antique comme le premier pas
vers la connaissance véritable ou Sagesse? (1). Qu'est-

(1) Comparer ce que dit M. Maeterlinck dans l'ouvrage pré-

ce que la vie ou conscience, — car les deux termes
sont synonymes? — C'est la faculté de répondre aux
vibrations. L'Univers tout entier est rempli des
vibrations d'Ishvara ou Dieu qui soutient toutes
choses et les fait mouvoir : la conscience est la
faculté en nous de répondre à ces vibrations et l'évolution est le développement de cette faculté sans
cesse accrue ; toutes les facultés existent latentes
en nous comme le chêne existe en puissance dans le
gland, mais le processus de l'évolution peut seul
amener le germe à poindre hors de la semence.
Dans l'Éternité, dans l'Éternel Présent, tout coexiste,
tout est parfait : il n'y a succession, développement
d'un objet après l'autre que dans le Temps. — Dans
le Point Immuable, tout est présent ; l'Espace n'est
que le champ où se déroule l'innombrable série des
causes et des effets : le Temps et l'Espace sont
donc les illusions fondamentales, mais aussi les conditions premières de la pensée : gardez, je vous en
prie, cette définition de la conscience présente à votre
esprit, car elle préside à toute la suite de notre étude.

Le moi dans l'homme, étant à l'image de Dieu (1),

cité (Introd., p. v) « ... il s'agit ici de la plus exacte des
Sciences. Il s'agit de parcourir les caps les plus âpres et
les plus inhabitables du divin « Connais-toi toi-même » et le
soleil de minuit règne sur la mer houleuse où la psychologie de l'homme se mêle à la psychologie de Dieu. Il importe
de s'en souvenir sans cesse ; il s'agit ici d'une Science très
profonde et il ne s'agit pas d'un songe... »

(1) « Ce qui est en bas comme ce qui est en haut, ce qui
est en haut comme ce qui est en bas » (HERMÈS TRISMÉGISTE).

est triple comme le moi divin lui-même; il n'est besoin de m'arrêter à discuter cette doctrine; vous
l'avez apprise dans cette puissante littérature qui sert
de base à toutes les philosophies hindoues : — que
vous parliez un langage abstrait et que vous disiez
avec les Upanishad que Brahman est triple; que
vous appeliez le soi divin : *Sat-chit-ânanda* ou que,
laissant de côté les termes philosophiques abstraits,
vous disiez qu'Il est Ishvara et se manifeste dans la
Trimoûrti en : Mahâdéva, Vishnou et Brahmâ..., peu
importe ! Que vous l'exprimiez sous une forme abstraite ou concrète, l'idée fondamentale est la même :
le MOI divin est triple dans ses manifestations (1), et
c'est pourquoi toutes les grandes religions représentent Dieu comme une Trinité : s'il n'en était
point ainsi, les relations entre Dieu et l'homme de-
meureraient un mystère éternellement incompréhensible, car l'homme, en évoluant, se révèle triple; la
réflexion humaine du Moi Divin-Trinité est donc le
triple Moi qui existe dans l'homme.

A mesure que l'évolution se déroule, un à un, les
aspects divins se développent : c'est l'aspect inférieur (si je puis employer un terme semblable) qu

(1) Philosophie védantine ou moderne, christianisme ou
brahmanisme, l'accord est parfait sur ce point :

Intelligence	Sensibilité	Activité
Brahmâ	Vishnou	Mahâdeva
Chit	A'nanda	Sat
Connaissance	Amour	Existence
St-Esprit	Fils	Père
etc.	etc.	etc.

est, le premier, mis en œuvre pour la construction
de l'Univers ; de même, dans l'homme, c'est l'intelligence, l'aspect inférieur du MOI humain, qui, le
premier, s'éveille et entre en activité : cet aspect est
la réflexion de Brahmâ, de l'Intelligence Universelle,
l'énergie créatrice de qui tout procède ; et vous aussi,
à mesure que vous évoluerez, vous pourrez reconnaître en vous-mêmes cette faculté créatrice de l'imagination (1) dont le pouvoir est borné, chez l'homme
actuel, à façonner une matière subtile, mais qui
parviendra, quand il sera parfait, à pétrir et mouler
également des matières plus denses, car la faculté
humaine de l'imagination est la réflexion de ce Pouvoir par lequel Dieu créa l'Univers. — « ... BRAHMA
médita et toutes les formes naquirent... » et dans le
pouvoir créateur de la pensée résident toutes les
formes possibles.

L'aspect qui, dans l'homme, entre ensuite en voie
d'évolution est A'nanda, quand il reconnaît l'unité
profonde sous l'apparente diversité : — Chit, dans
l'homme, est l'intelligence qui *connaît*, qui distingue,
sépare et analyse ; — A'nanda est la sagesse qui
comprend l'unité de toutes choses et qui réalise
l'union, atteignant cette joie qui existe au centre, au
cœur même de la vie (2).

(1) Voir J. IZOULET, *la Cité moderne* (Paris, F. Alcan,
p. 654. « ... C'est qu'en effet il faut voir dans l'*imagination*,
non pas une simple ouvrière de fictions, mais la révélation
de *l'idéal*... »
(2) Voir MAETERLINCK, *loc. cit.*, p. xxvii : « Vous allez tout à

Enfin, marquant la dernière période de l'évolution humaine, le troisième et le plus haut aspect de la Déité se développe, Sat, la Self-Existence, l'Unité qui dépasse l'union, l'Unité dont l'épanouissement dans l'homme est rendu possible parce que l'homme, dans sa nature, est *un* avec l'Éternel. Par cette évolution, dans les âges futurs, à travers les innombrables kalpas à venir, un ISHVARA s'élève après l'autre, chacun d'Eux venant comme le fruit d'un Univers déjà évolué, afin de poursuivre plus puissamment l'accomplissement de la volonté de « l'ÊTRE Unique qui n'a pas de Second » et de manifester une part de cette perfection à l'ensemble de la Nature alors manifestée.

Tel est, dans ses grandes lignes, le thème de l'évolution humaine tendant vers la Divinité et c'est aux races qui se succèdent à en poursuivre l'accomplissement : en effet, dans l'étude des grandes Races-Mères de l'humanité, — de ces Races que nous appelons : la cinquième (celle à laquelle nous appartenons), la sixième (celle qui suivra la nôtre), et la septième (celle qui achèvera ce cycle de l'évolution humaine), — nous apprenons que chacune d'elles a pour caractéristique de marquer dans l'homme le développement graduel de l'aspect divin qui lui correspond dans le cours normal de l'évolution : la cinquième développe actuellement l'aspect de Chit, l'intelligence : l'intellect est en cours d'évolution

l'heure atteindre le seuil des noces spirituelles et regarder de là *l'immobile tempête de la joie,* jusqu'au cœur éternel de Dieu. »

et tous les progrès de la Science moderne, si marqués de nos jours, ne sont encore qu'une partie des fruits de cette évolution, de la croissance de cette intelligence qui envisage le monde extérieur comme le « Non-Moi », qui cherche à l'étudier et à le comprendre. Les attributs caractéristiques appartenant à l'évolution des deux Races-Mères qui suivront peuvent dès maintenant être acquis, à l'aide de méthodes spéciales, par tout individu résolu à s'imposer les sacrifices nécessaires : ce que nous connaissons sous le nom de Yoga est précisément cette méthode qui hâte l'évolution individuelle ; avec son aide, en effet, tous les pouvoirs du soi, ceux même qui touchent au seuil de la Divinité, peuvent être amenés à se manifester dans un homme de notre époque, — et c'est là pourquoi l'entraînement de la Yoga était nécessaire au disciple de la Science antique : il fallait qu'il développât en lui-même les trois aspects de Dieu s'il se proposait d'en comprendre les manifestations dans l'Univers qui l'environnait.

Actuellement, au stage d'évolution où nous sommes, l'esprit humain prend plus particulièrement contact avec la vie de Brahmâ, — avec l'aspect Brahmâ de Dieu, — car l'intellect humain est la réflexion de l'intelligence universelle dans le Kosmos : c'est cette vie qui, dans l'atome, est « force », c'est elle qui vivifie chaque atome, — bien plus, c'est elle, nous le verrons, qui donne naissance à l'atome et qui, pendant toute la durée de la croissance de l'Univers, demeure la vie fondamentale qui conserve à ces atomes leurs propriétés de particules actives, aptes à se combiner pour composer des formes innombrables. Quand la vie de Brahmâ, l'aspect de Brahmâ est développé dans le Moi humain, l'homme devient capable — mais alors seulement — d'étudier l'action de cette vie dans les formes atomiques qu'elle emplit ; or, il est très significatif de constater que plusieurs des plus grands problèmes de la Science moderne se ramènent à celui-ci : « Quelle est la nature de l'atome (1) ? » Les savants se consultent sur ce point : l'atome est-il force ou matière ? est-ce une parcelle infime ? est-ce un vortex ? — Ces questions resteront sans réponse certaine tant que l'homme n'aura pas développé en lui le pouvoir de répondre à la vie qui palpite dans l'atome, tant qu'il n'aura pas développé au plus haut point sa propre intelligence et de la sorte acquis le pouvoir de répondre, au moyen de cette intelligence, aux vibrations de la vie atomique extérieure. En résumé, nous avons défini la conscience « le pouvoir de répondre aux vibrations », nous avons su que l'homme, s'il prétend mesurer la vie, s'il aspire à connaître les causes profondes des phénomènes, doit développer en lui-même le pouvoir de répondre aux manifestations extérieures de cette vie ; nous avons reconnu, dans la perfection de l'intelligence humaine, — réflexion de l'aspect Brahmâ de Dieu — la seule possibilité d'atteindre la solution de ce problème si

(1) Voir Lord KELVIN (Sir WILLIAM THOMSON), *Conférences scientifiques et Allocutions*, traduction française, Gauthier-Villars.

controversé par la Science moderne. — J'ai dit que
ces controverses même sont significatives : et en effet
ce problème appartient à la cinquième Race Mère ;
or le monde occidental est actuellement peuplé,
dans une large proportion, par la cinquième sous-
race de cette cinquième Race-Mère, c'est pourquoi
nous le voyons porter au plus haut degré l'intelligence concrète, cette merveilleuse activité intellectuelle, ces recherches si promptes et en même temps
si patientes qui viennent à bout des vastes entre-
prises auxquelles la Science moderne se consacre.
Ce sont là autant de témoignages attestant l'exactitude de cet antique enseignement : les sous-races se
succèdent et chacune trouve son œuvre propre tracée
devant elle ; nous devons donc considérer comme
bonne en soi l'œuvre de chaque subdivision de l'humanité ; chacune d'elles doit représenter pour nous
non pas une expression isolée, hostile aux autres,
mais une partie de la manifestation divine, donnant
son expression à la portion spéciale qu'elle était destinée à en exprimer.

Ainsi, en examinant comme nous venons de le
faire le problème de la vie qui existe dans l'atome,
nous trouvons qu'il faut développer l'intellect pur
dans l'homme pour qu'il parvienne à la comprendre,
mais, pour comprendre la vie qui revêt les formes
organisées, pour comprendre les raisons mystérieuses
qui ont déterminé ces formes diverses (1), il faut déve-

(1) Voir JEAN IZOULET, *la Cité moderne*, page 275 : « Mais

lopper en nous-mêmes le grand aspect suivant du
soi, — l'aspect de la vie omniprésente de vishnou
qui supporte le monde en qualité de soutien tout-
puissant de toutes choses, la base, la fondation, la
substance universelle. C'est là, et là seulement,
que l'on peut atteindre l'énergie qui unifie, — c'est là
que toutes les subdivisions prennent une racine
commune ; il faut que nous ayons aperçu dans le
moi cet aspect de l'énergie qui unifie pour que le
problème des formes organisées dans la nature nous
livre ses secrets, et cette tâche est celle de la sixième
Race-Mère : ceux donc qui veulent hâter leur évolution doivent, avec l'aide de la Yoga, développer en
eux-mêmes les facultés de cette Race.

Il reste enfin un plus haut problème, le plus subtil et le plus difficile de tous, le problème de la vie
de l'esprit humain, le problème de l'homme dans
son évolution vers la Divinité, mais, pour en pénétrer les mystères, il faut d'abord que le moi humain,
issu du père de toutes choses, — de l'Être Tout-
Puissant qui agit tantôt comme Créateur, tantôt
comme Destructeur, mais toujours (en un mot qui
renferme à la fois les deux précédents) comme Régé-
nérateur, issu de mahadeva, le DIEU puissant
qui est sat, Existence, — il faut, dis-je, que ce

s'il en est ainsi, pour *comprendre* la forme des êtres vivants,
plantes ou bêtes, parfois si étranges pour nous, que faut-il,
sinon pénétrer le mystère même de leur vie, et scruter les
conditions de l'existence auxquelles les soumet le milieu où
ils se plongent ? »

MOI humain ait développé intérieurement l'aspect
de SAT, de la pure Existence, il faut qu'il soit devenu la triple Unité, un Logos, un ISHVARA : c'est
la tâche de la septième Race-Mère et, quand elle
sera accomplie, alors seulement les derniers problèmes de l'esprit humain seront sans mystère à nos
yeux.

Ainsi l'homme de Science, dans l'antiquité, commençait par concentrer son attention sur son MOI;
sous la direction d'un Gourou qualifié, il développait
en lui-même toutes ses potentialités, une à une,
il s'élevait de degré en degré jusqu'au plus haut,
sans cesser de rendre au Mahâgourou, au Gourou
de l'Univers, le tribut de son adoration : quand il
avait achevé intérieurement l'évolution de ses pouvoirs les plus élevés, il commençait à étudier la vie,
l'effusion de la vie à sa source même et non point
seulement ses manifestations multiples et voilées
dans les mondes inférieurs : c'est pourquoi, dans son
étude, il prenait ce point de départ si haut et si ardu :
« ISHAVARA se levant enveloppé dans Màyâ ».

Qu'est-ce que *Ishvara* ? Qu'est-ce que *Màyâ* ? C'est
le premier grand problème, abordons-le avec révé-
rence. Les philosophes de l'Inde ont répondu de
diverses manières à ces questions et chacune de leurs
réponses contient une part de la Vérité éternelle:
Ishvara est ce foyer puissant, ce Centre de conscience
qui existe, immuable, dans le sein de l'Existence Une;
il y a une multitude innombrable de centres de conscience semblables, dont un des vôtres, vous devez

vous en souvenir, le Svâmi Subba Rao, reconnaissait dans un de ses écrits la présence au sein de l'existence Une.

Pendant la période de manifestation, *Ishvara* est
tel qu'une lampe, une lumière entourée d'un écran ;
enveloppé dans Mâyâ, il donne naissance à un Univers. Il est enfermé en quelque sorte dans cet Univers dont il est la lumière, mais, quand elle perce
l'écran, la lumière rayonne dans toutes les directions.

Quand il accomplit la dissolution de l'Univers, Il
demeure ; le centre reste, mais la circonférence qui
était décrite autour de lui disparaît ; tel est ce Centre
puissant quand l'Univers s'évanouit : *Ishvara* subsiste
seul, il maintient son Centre inébranlé, même quand
Il se replonge dans l'Infini, l'Absolu, la Super-Conscience, l'Un. Nous concevrons donc *Ishvara* comme
un Centre éternel de *Soi-Conscience* qui peut s'abîmer
dans l'infini de la Super-Conscience et se limiter de
nouveau à la Soi-Conscience.

Et qu'est-ce alors que Mâyâ ? Chaque Univers qui,
touchant à sa fin, vient dans sa totalité se perdre en
Ishvara, prépare Mâyâ pour l'Univers suivant. Lors-
qu'un loka s'enroule comme une houle en mer et va
se perdre dans le loka au-dessus de lui, toutes les
formes qui existaient dans le loka englouti disparaissent, mais la conscience qui vivifiait intérieurement
ces formes ne s'évanouit pas; il subsiste une modification de conscience, une modification qui s'exprime
par un pouvoir vibratoire, — non point par une vibration, mais par le pouvoir de vibrer d'une façon parti-

culière ; et, bien que les formes d'un loka s'anéantis-
sent quand celui-ci s'est fondu dans le loka supérieur,
parce que leur matière, se désintégrant en une matière
plus subtile, disparaît elle-même, la conscience qui
les vivifiait garde cependant le pouvoir de reproduire
les mêmes vibrations qu'elle était susceptible de déterminer dans cette matière plus dense, oui, même
après que les formes causées par ces vibrations ont
disparu, faute d'une matière assez grossière pour
répondre à de telles vibrations. A mesure qu'une
région passe dans la suivante, ce processus se répète
encore, encore et toujours, et lokas après lokas s'évanouissent, jusqu'à ce que, toutes formes s'étant dissi-
pées, toutes vibrations s'étant éteintes, il ne reste
que les modifications de conscience capables de reproduire des vibrations semblables : c'est alors
qu'*Ishvara*, dont la conscience était la Conscience
Unique de l'Univers, dont la vie était sa Vie Unique,
Ishvara qui était la substance de toutes formes et à
qui chaque existence séparée devait la possibilité
d'être, recueillant en *Soi* Son univers avant de se
perdre dans l'*Un*, tout ce à quoi nous donnons le nom
de forme ayant disparu, il ne reste rien que le Centre
de Conscience. Le pouvoir subsiste en *Ishvara* de reproduire certaines vibrations déterminées qui sont le
résultat de l'évolution de Son univers, une multitude
de modes vibratoires en un mot : quand Il retourne à
l'Existence Une, tout ce qui est forme s'est évanoui,
mais des pouvoirs latents persistent dans ces modifications subtiles, préservés dans ce Centre Invariable

dans la Toute-Puissance de la Vie Une. N'est-ce là
qu'un rêve ?

Il y avait jadis un grand Maître, nommé Vâsishtha :
il instruisit Rama, vous le savez, et ce qui nous reste de
son enseignement renferme des allusions à quelques-
uns des mystères de la vie : si vous gardez présent à
l'esprit ce que je viens de vous dire, — si, pour ma
part, j'ai réussi à éclaircir en quoi que ce soit vos
idées avec l'aide maladroite de ces mots si peu adé-
quats qui sont tout ce que la langue humaine possède pour s'exprimer sur ces grands problèmes, —
écoutez la même pensée telle que l'exprima Sûrya-
deva dans ses discours sur la fin et le recommence-
ment d'un univers; à ce que j'ai déjà dit il me suffira
d'ajouter au préalable que, quand Il se lève pour former un nouvel univers, *Ishvara* projette Sa Vie dans
ces modifications qui semblaient disparues et que la
Mâyâ dans laquelle Il est enveloppé et circonscrit
quand Il se lève est Sa propre mémoire revivifiée qui
ne peut jamais se séparer de Lui : sous l'impulsion du
Grand Souffle, Il concentre intérieurement Sa Conscience, Il la limite à la Soi-Conscience ; quand Il dirige Son attention sur le contenu de cette Soi-Conscience, les pouvoirs de celle-ci entrent en activité et
c'est Mâyâ. C'est pourquoi il est écrit :

«... Et ensuite *Toi*, ô Seigneur, jugeant bon (de
maintenir) le règne de la nuit, fixé dans le *Soi*, ayant
rassemblé et recueilli en Toi cet ordre de choses (cet
Univers)... »

«... Aujourd'hui, Tu T'es éveillé avec un désir

plein de joie d'émettre de nouveau, de manifester l'Univers en puissantes gradations (les hiérarchies d'Êtres)... » (Yaga Vâsishtha, LXXXVII 7, 8.)

Ces nuits et ces jours sont « les Nuits et les Jours de Brahmâ », l'aspiration et l'exhalaison de l'Existence Une, et Mâyâ est cet « ordre de choses » qui, rassemblé et recueilli, demeure fixé en Ishvara pendant la Nuit et s'élance au dehors aussitôt que le Jour vient et qu'Ishvara s'éveille. Voilà ce qu'est Mâyâ ; et, si vous reprenez maintenant les définitions qu'en donnent les différentes écoles, vous verrez que celle-ci comprend et élucide chacune d'elles, — qu'elle montre ce qu'on entend par « illusion », — qu'elle éclaire ce qu'implique « le rêve ». — L'origine première, la racine de l'Univers qui va naître est donc la projection joyeuse en manifestation de tous les pouvoirs dont *Ishvara* se souvient au moment où son attention est tournée vers Son *Soi*, cette mémoire suscitant un « désir » qui s'éveille dans le sein de l'Éternel. Cette pensée vous donnera la clef de maints enseignements de jadis ; cette Intelligence Universelle pleine d'idées qui n'ont pas encore été condensées en phénomènes, n'est autre chose que le monde des Idées de Platon, le Monde Invisible de la Kabbale hébraïque (1); dans chacune des grandes doctrines vous retrouverez une expression de la même pensée. Si, au lieu de nous encombrer de mots comme la plu-

(1) Voir FRANCK, *la Kabbale*, Paris, Hachette ; et KARP, *le Zohar*, Thèse de Doctorat, Paris, Alcan, 1901.

part d'entre nous le font, — si, au lieu de répéter des
formules qui n'apportent avec elles aucune pensée
dans l'esprit de celui qui les ressasse, nous nous don-
nions la peine de lire les pensées cachées sous les
mots, nous retrouverions la philosophie hindoue dans
toutes les philosophies modernes dignes de ce nom,
nous découvririons les vestiges de l'Inde antique en
Grèce, à Rome, en Allemagne et dans l'Angleterre
de nos jours.

Quel est le stage suivant ?

Le Souffle de Vie se propage ; *Ishvara*, le Centre
universel, enveloppé dans *Mâyâ*, exhale Son souffle ;
quand ce souffle vibrant atteint la *Mâyâ* environ-
nante, *Mâyâ* devient *Prakriti*, — ou *Matière*, ou plutôt encore peut-être *Mulaprakriti*, — « la racine de
la Matière » : quand ce souffle avec sa triple force
vibratoire tombe sur cette matière, il y détermine
trois modes ou « attributs » : *Tamas*, l'inertie
ou mieux la stabilité ; *Rajas*, l'activité, la vigueur ;
Sattva... une idée difficile à rendre : je suis incli-
née à la traduire par *Harmonie*, car *Sattva* se trouve
partout où il y a plaisir, et, sans Harmonie le plaisir
ne peut exister : tout plaisir est dû à d'harmonieuses
vibrations et l'action de Sattva sur la matière est
précisément d'y déterminer des vibrations harmonieuses. Ces trois qualités fondamentales de la
matière (inertie, activité et harmonie) qui répondent
à trois modifications principales dans la conscience
d'*Ishvara*, ces trois qualités sont les trois fameuses
Gunas sans lesquelles *Prakriti* ne peut se manifester ;

fondamentales, essentielles et invariables, elles existent dans chaque parcelle de l'Univers manifesté, et la nature de chaque parcelle dépend précisément de leur combinaison.

Nous touchons ici au principe de la subdivision en sept; je vous dirai dans un moment pourquoi nous parlons ici d'une division septuple et non quintuple, comme vous êtes plus habitués à le faire.

Q'est-ce qu'on entend par « la division septuple » ?

Nous venons de considérer les trois Gunas prêtes à recevoir une impulsion nouvelle du Souffle de Vie. Ce Souffle provient de *Brahmâ*, car *Ishvara* a développé Sa triple nature dans Ses trois aspects et il se propage en sept grandes vagues; chacune d'elles modifie la matière, elle évolue et anime celles qui la suivent. Les deux premières dépassent absolument notre compréhension, comme n'appartenant en aucune manière à notre présent stage d'évolution : c'est pourquoi elles sont habituellement passées sous silence, et les livres sacrés ne mentionnent que les cinq qui contribuent à l'évolution de notre Univers; ici et là, il est fait allusion aux sept, mais rarement; vous vous rappelez peut-être les sept langues de feu par exemple et une ou deux autres allusions semblables; mais, d'une manière générale, *Prana* est désigné comme quintuple, comme la Vie dont l'évolution s'opère à travers cinq différenciations.

En tout cas, à l'origine, il y a une modification de conscience qui émane d'*Ishvara en qualité de pouvoir*: si vous vous reportez au Vishnou Purâna, vous y

trouverez exactement le stage que je viens de vous décrire en termes plus modernes : d'*Ishvara* Lui-même,
en tant que *Brahmâ*, émane un pouvoir résultant
d'une modification de Sa Conscience et appelé un
Tanmâtra dans le Vishnou Purâna ; la traduction
anglaise emploie le mot *rudiment*. Vous vous rappelez ce qui est dit des rudiments de son, de tact, de
couleur, etc., tous ces rudiments sont les « tanmâtras » ; ces tanmâtras sont les pouvoirs dus aux modifications qui se produisent dans la Conscience,
c'est-à-dire dans la Vie d'*Ishvara*, et sans lesquelles
il n'y a pas de modifications possibles dans la matière ; la conscience d'abord, la forme ensuite.

La première grande vibration qui se propage est la
vibration qui donne naissance à ce que nous appelons
ici le son, tous nos termes correspondant aux manifestations les plus inférieures, c'est-à-dire physiques. La forme qu'elle amène à se manifester est
A'kâsha, le puissant élément de l'Ether — (non pas
bien entendu l'éther de la science moderne qui n'est
que sa représentation physique). Le tanmâtra suivant,
le pouvoir provenant de la modification de conscience
suivante, est alors envoyé dans cet Éther : l'*A'kâsha*,
gardant en soi la vibration primordiale, reçoit la seconde vibration émanée d'*Ishvara*, et celle-ci, pénétrant la matière qui l'entoure, produit la modification
suivante de la matière, l'élément *Vâyu*, l'*Air* ; *Vâyu*,
pénétré, vitalisé et enveloppé par l'*A'kâsha*, reçoit
d'*Ishvara* une impulsion nouvelle, le troisième tanmâtra, le troisième pouvoir résultant d'une modifica-

tion de conscience. Ce tanmâtra, par son action sur
Vâyu, produit la modification de matière qu'on appelle l'élément *Agni* ou le *Feu*, et cette matière-feu
est pénétrée, vitalisée et enveloppée par *Vâyu* comme
Vâyu l'est par *A'kâsha*; le même processus amène
ensuite la manifestation des éléments *Apas* et *Prithivi*.
Le « champ magnétique » d'un atome se trouve donc
ainsi composé de tous les tanmâtras et éléments pla-
cés au-dessus de lui. Essayez de comprendre pleinement ce processus, si vous le pouvez, bien que — je
le sais — la conception en soit difficile.

En résumé, qu'est-ce qui s'est produit ?

Dans la vie ou dans la conscience d'*Ishvara*, une
modification s'est produite, puis manifestée en tant que
pouvoir, que vibration, car tout est vibration (1)(les
Sciences ancienne et moderne s'accordent à ce sujet)
et l'Univers est composé de vibrations qui sont les
modifications de l'effusion de la Vie divine; ces vibrations revêtent des formes fondamentales de matière
d'où procède à son tour la multiplicité des formes
secondaires ! Ces modifications produites dans la
matière, ces grands éléments primordiaux reçoivent
le nom de *Tattvas* : ainsi les tanmâtras sont les
pouvoirs émis par le fait de modifications de conscience et dont le nom a été traduit par le terme
peu adéquat de « rudiments »; nous rencontrons

(1) Lord KELVIN, *loc. cit.*, et TYNDALL, *la Chaleur, mode de
mouvement*, chez Gauthier-Villars, et aussi *la Lumière*, du
même. — Voir aussi H. POINCARÉ, *les Théories de Maxwell
et les Expériences de Hertz* (chez Naud, Paris).

ensuite des modifications de la matière, les grands ·
Éléments, les Éléments primordiaux ou Tattvas. Le
premier des tattvas est appelé *A'kâsha;* ensuite
viennent *Vâyu,* puis *Agni,* puis *Apas,* puis enfin
Prithivî : les cinq se suivent dans l'ordre ci-dessus
et la caractéristique de cette évolution est que la
modification d'un tattva précédent et supérieur est
reproduite dans le tattva suivant et inférieur, le
pénètre et se propage au delà de celui-ci, — Si vous
vous reportez au chapitre second du Vishnou Purâna
et si vous relisez l'évolution des cinq tattvas, vous
constaterez que le mot sanscrit employé dérive d'une
racine qui signifie à la fois « pénétrer » et « envelopper » et que, par ce fait, il exprime tout ensemble
l'idée de « pénétration et d'expansion enveloppante » :
vous comprendrez que *la Vie centrale de chaque
tattva est le tattva précédent avec son tanmâtra :* cet
ensemble, plus le nouveau tanmâtra, compose la vie
du tattva suivant et la forme extérieurement produite
est le nouveau tattva à qui ce processus générateur
donne naissance.

En quittant ce sujet sur lequel je ne peux vous donner
de plus amples détails, je tiens à vous dire quelques
mots du principe de division en cinq ou en sept, car
il a été la source de grandes controverses entre certains de nos Pandits hindous et quelques-uns de nos
théosophes.

Dans l'Univers pris dans son ensemble, la vie
d'*Ishvara* est septuple : au-dessus du tattva que
nous appelons *A'kâsha,* se trouve le tattva connu

sous le nom d'*Anupâdaka* et au-dessus encore de
celui-ci *A'dilattva*, le premier de tous : ces deux
tattvas sont de beaucoup au delà de notre compréhension : notre pensée ne saurait atteindre si laut, le
nombre cinq limite par conséquent ce qui concerne
notre évolution et c'est pourquoi, en règle générale,
vos livres d'études parlent de cinq tattvas seulement
dans leur exposé de l'évolution.

Et maintenant passons rapidement à ces cinq tattvas pour voir comment en se modifiant eux-mêmes
par aggrégation, désintégration et recombinaison, ils
composent des formes innombrables. La conception
fondamentale à retenir est celle-ci : il y a dans l'Univers autant de sortes d'atomes différentes, caracté-
risées chacune par une forme distincte, qu'il y a de
tattvas. — Le tattva *Prithivî* de la Science antique
est l'atome de la Science moderne, mais celle-ci
commet l'erreur de supposer l'existence d'un seul
type d'atomes, unique et fondamental : le fait est que
la Science moderne s'attache à la recherche de *Prithivî Tattva seulement*, c'est-à-dire de l'atome physique du type inférieur, et n'a même pas soupçonné
jusqu'ici l'existence des quatre (ou six) types d'atomes
qui se classent au-dessus de celui-ci. Ces atomes forment les régions de l'univers : tout ce qui est « physique » est tiré du tattva *Prithivî*, mais n'en est pas
exclusivement composé, car chacune des six formes
atomiques supérieures a sa correspondante qui en est
la reproduction dans les limites mêmes de cette région
physique. Les subdivisions de la région physique dues

aux combinaisons du tattva *Prithivî* reproduisent en
effet les caractéristiques des grandes régions qui
composent l'univers: nous avons donc ici même dans
nos liquides et gaz, dans nos trois éthers et dans
nos atomes les correspondants des six tattvas supérieurs, mais nous les avons tous sous leur forme
Prithivî : ils sont les modifications de *Prithivî* repro-
duisant sur un plan inférieur les grands éléments
primordiaux. Nous pourrions les appeler : *Prithivî
A'ditattva*, *Prithivî Anupâdhakatattva*, *Prithivî
A'kâshatattva*, *Prithivî Vâyutattva*, *Prithivî Agni
tattva*, *Prithivî Apastattva* et *Prithivî Prithivî-
tattva.*

Au-dessus de la région de *Prithivî* viennent le
vaste domaine d'*Apas* avec sept subdivisions semblables d'*Apastattva* et, au-dessus de celui-ci, sept
autres subdivisions dans le domaine plus élevé
encore d'*Agni*. Au-dessus d'*Agni*, la même subdivision dans le domaine encore supérieur de *Vâyu* et
de même ensuite dans l'*A'kâsha*, puis enfin dans le
domaine des deux tattvas suprêmes et inconnus.

Si vous vous souvenez que toutes ces régions s'interpénètrent les unes les autres, vous aurez quelque
idée de cette complexité qui donne le vertige au
penseur, de la vaste complexité de l'Univers dans
lequel la *vie unique* est à l'œuvre, — encore cette
complexité est-elle bien simplifiée par la méthode
d'investigation dégressive adoptée par la Science antique : en allant de la *vie* originellement simple à la
multiplicité infinie des *formes*, nous arriverons à dis-

cerner l'*Unique* parmi les innombrables, à voir le *Soi*
en toutes choses et toutes choses en *Lui*.

Quand un univers touche à sa fin, les tattvas
vont se perdre l'un dans l'autre par désintégration
progressive : *Prithivî tattva* se désintègre d'abord
en atomes, puis ces atomes sont eux-mêmes désor-
ganisés et le tanmâtra qui les formait, cessant dès
lors de trouver son expression faute d'une matière
appropriée, cesse d'exister en tant que pouvoir et ne
subsiste plus qu'en tant que modification de conscience, possibilité permanente. *Apas tattva* devient
ainsi la manifestation inférieure et cesse ensuite
d'exister, par la répétition du processus décrit précédemment : chacun des tattvas s'évanouit à son
tour de la même façon, c'est pourquoi le *Shivâ-
gama* prête à *Mahadéva* cette sentence : « l'Univers
procède des Tattvas ; il subsiste par le moyen des
Tattvas ; il s'évanouit dans les Tattvas. » Telle est la
grandiose conception du Kosmos que nous a léguée
la Science antique : une *Vie* palpitant en vibrations
innombrables qui imprime à la matière des formes.
Sur cette donnée Pythagore fonda son système
des nombres ; c'est elle qui forme la base des mathé-
matiques et de la musique ; elle servit de fondement à
la Magie, la « Grande Science » de tant de nations depuis longtemps disparues ; aujourd'hui cette Science
ne survit plus, dans toute sa pureté, ailleurs que dans
la « Grande Fraternité Blanche », mais il est aisé
d'en trouver des vestiges dans toutes les Religions
du monde et dans leurs Écritures.

Si nous considérons ensuite la Science moderne,
nous passons dans une atmosphère toute différente :
ce sont des phénomènes qu'on offre ici à notre étude ;
ce sont des formes qui doivent retenir notre attention. Cependant nous reconnaîtrons, en examinant
de près la Science moderne, qu'elle commence à dépasser l'étude des formes ; nous constaterons que les
efforts de ses hommes les plus éminents s'orientent
vers la recherche de l'Unité dans la diversité.

Si je représente la Science moderne comme adon-
née à l'étude des phénomènes, il n'en faudrait pas
conclure que je méconnaisse ses belles conquêtes,
ni que je veuille élever le moindre doute au sujet
des capacités de ses leaders et du prix inestimable
de l'œuvre qu'ils accomplissent pour l'humanité :
leurs conquêtes au cours de ce siècle méritent le
plus profond respect, non seulement pour la « sublime patience de l'investigateur » dont William
Kingdon Clifford parlait si justement, mais aussi
pour l'abnégation parfaite dont beaucoup d'entre
eux ont fait preuve en consacrant leur vie à la poursuite de la vérité, à l'étude minutieuse et approfondie
des phénomènes de la nature afin de découvrir les
secrets qu'elle recèle et de savoir ce que dissimule
« le voile d'*Isis* ». Je ne dis donc pas un mot contre la
science moderne, mais je vous signale ce fait que
l'œuvre la plus importante de cette science consiste
dans les généralisations qui lui ont été suggérées
alors qu'elle s'efforçait d'atteindre la simplicité, de
réduire la multiplicité à l'unité : combien la Science

4

s'est écartée du point de vue de l'école matérialiste,
si généralement adopté il y a trente ans, et qui re-
présentait l'univers comme composé d'un nombre
indéfini d'atomes, ces atomes eux-mêmes n'étant
autre chose que nos éléments chimiques !

Une assertion du Dr Ludwig Büchner (1), l'un des
chefs d'école les plus fameux de la science, suffit à
établir tout le chemin parcouru depuis lors : il déclarait que l'atome de carbone restera toujours
atome de carbone et a été de toute éternité un atome
de carbone ; que l'atome d'hydrogène a été de toute
éternité un atome d'hydrogène et demeurera tel éternellement, car les atomes avec toutes leurs propriétés
sont indestructibles et par conséquent éternels !

Quel est l'homme de Science qui oserait aujour-
d'hui soutenir une pareille proposition, sachant le
ridicule qu'il encourrait aux yeux de tous ses con-
frères ? Qui oserait encore affirmer que ces atomes
ont possédé et conserveront éternellement la même
nature comme on leur en a prêté jusqu'à présent la
propriété ?

En fait où en est la Science en ce qui concerne
l'atome ? Elle découvre dans ce qu'on appelle l'*atome*
un corps composite, — un composé et non plus un
élément, un simple (cette découverte est principalement due aux recherches de Sir William Crookes (2)
qui possède, pour se guider dans ses investigations,

---

(1) *Force et Matière ;* Gauthier-Villars, éditeur.
(2) Sir W. Crookes, *la Genèse des éléments ;* traduction française, Paris, Gauthier-Villars, éditeur.

une conception philosophique de l'Univers plus profonde que celle des hommes de science en général);
elle est amenée peu à peu à reconnaître que la constitution de l'atome s'opère graduellement, que
ses propriétés ne sont nullement fixes, qu'elles sont
au contraire sujettes à se modifier quand les conditions extérieures varient (1) : des recherches récentes
ont démontré que, quand ils sont soumis à des tem-
pératures extraordinairement basses, — tempéra-
tures où l'air devient liquide, où l'oxygène et l'hydrogène se solidifient, — les corps chimiques perdent
les propriétés qu'on prétendait permanentes en
eux; à mesure que les conditions thermiques chan-
gent, à mesure que la température à laquelle ils
sont soumis tombe de plus en plus bas, l'expérience a
prouvé que ces éléments chimiques perdent une à une
leurs « éternelles » (?) propriétés, qu'ils se montrent
modifiés dans leur activité même et dépouillés de
ces propriétés caractéristiques qui avaient fait reconnaître en eux des parties du monde mouvant :
plus bas, toujours plus bas, la température s'abaisse,
propriétés après propriétés disparaissent, si bien que
la Science se demande, effarée, ce qui arrivera quand
nous aurons atteint le zéro absolu (2)? ce que seront

(1) Comparer ce que dit M. G. Bonnier au sujet du trans-
formisme expérimental des espèces botaniques : « Des caractères considérés comme distinctifs du groupe d'espèces
ou du genre auquel la plante appartient *disparaissent* ou
sont remplacés par d'autres... » quand varient les conditions de milieu.
(2) — 273° centigrades.

alors devenues les propriétés de la matière et ce qui subsistera des caractéristiques des éléments ? N'y aurait-il pas une matière unique ?... et tous les éléments chimiques ne seraient-ils autre chose que des modifications, des agrégats de cette matière ultime ?

De même en ce qui concerne la force : la Science moderne, par une admirable généralisation, a reconnu dans toutes les forces qui nous sont connues des modes d'une force unique, identiques entre elles de leur nature essentielle : chaleur, lumière, et toutes ces forces qui nous entourent, électricité, magnétisme et le reste, toutes ne sont que vibrations de durée variable, mouvement dans un milieu subtil et chacune peut être transformée en l'une quelconque des autres; il n'y a pas de différences fondamentales entre elles, elles sont au contraire une seule et même force dans leur essence (1).

S'il en est ainsi, s'il n'y a qu'*une* matière, s'il n'y a qu'*une* force, la Science d'aujourd'hui tendrait donc bien vers l'unité (2)? Elle devra, si vraiment elle s'oriente vers la recherche de l'unité, passer du domaine élémentaire de la matière dense dans le domaine des forces qui agissent dans des milieux subtils : nous assistons à un changement étonnant de

(1) Voir l'ouvrage très avancé pour l'époque de sa publication : *Unités des forces physiques*, par le P. Secchi, Paris, Gauthier-Villars.

(2) Voir Izoulet, *loc. cit.*, page 634 : « Après la longue crise dualiste qui était une phase nécessaire, l'*unité* de l'Être reparaît... etc. »

point de vue qui fait que, au lieu de conclure par
induction l'existence de la force des changements
d'état de la matière, la Science commence aujour-
d'hui à poser en principe l'existence de la Force et à
se demander si la Matière est autre chose que le
résultat de l'action de forces: au lieu de regarder un
atome comme une parcelle solide indivisible, la tendance actuelle est d'y voir un « vortex », un « tour-
billon d'énergie », un centre de force.

Un écrivain va même jusqu'à suggérer qu'un
atome (1) est une source « par laquelle un fluide invisible se déverse dans l'espace à trois dimensions »,
d'autres atomes ou « antiatomes » jouant le rôle de
« réservoirs » par le moyen desquels ce fluide s'éva-
cue ! Si ces deux sortes d'atomes se réunissent,
l'inertie ne pourrait-elle être neutralisée aussi bien
que la pesanteur? N'y aurait-il pas une « matière
potentielle » ? N'existerait-elle pas dans l'espace
dépourvue de tous les attributs caractéristiques de
la matière, mais prête à être vivifiée et à former un
système de mondes? Ces hypothèses sont en somme
un essai tendant à présenter la théorie des atomes et
des centres-laya (2) de H.-P. B. sous la forme d'un
problème scientifique. La Science s'élève dans le
monde invisible en essayant de mesurer et de peser
ce qu'elle y trouve, et certes cette tendance actuelle
vers l'Unité est un témoignage rendu à l'Unique qui

(1) Voir Lord KELVIN, *loc. cit.*
(2) Voir *la Doctrine secrète*, de H.-P. B., vol. II, sect. VIII,
page 312.

se dissimule sous toute manifestation : Une seule
Force, une seule Matière; une diversité infinie de
forces pouvant chacune être transmuée en l'une quelconque des autres; une diversité infinie de formes
qui se dissocient pour se recombiner de nouveau;
une Force unique sous toutes les forces, une Matière unique sous toutes les formes. Il est enfin
reconnu que le fait même de l'harmonie universelle
et de l'évolution est l'indice d'une unité profonde et
que des parcelles éternellement indépendantes et ani-
mées d'un mouvement propre ne pourraient rien
faire que perpétuer le chaos !

Pendant que la Science chemine dans une voie
si pleine de promesses, nous apercevons de grands
changements dans la nature même des études qui
se poursuivent et nous entendons émettre cette
étonnante théorie de sir William Crookes (1) sur la
genèse des éléments : il prend pour point de départ le
protyle (2) qui, en réalité, est Vâyu dans sa forme
correspondante à notre plan physique ou « Prithivi
Vâyu » : il construit avec ce protyle atome après atome
et il représente tous les éléments chimiques, les corps
simples comme étant des agrégats de corps réunis
par l'action d'une force positive et d'une force néga-
tive. J'ai tenu simplement à vous rappeler ceci à
cause de quelques-uns d'entre vous qui sont épris de

(1) Voir *loc. cit.*
(2) Voir *la Doctrine secrète*, de H.-P. B. Traduction française. Vol. II, page 395. Paris, librairie de l'*Art Indépendant*.

science moderne au point de dédaigner votre propre
littérature : or, si vous aviez lu votre Vishnou Purâna
avec votre cerveau et non pas seulement avec vos
yeux, tout imbus de modernisme, vous auriez pu
apprendre cette théorie de Sir William Crookes, bien,
bien longtemps avant qu'il l'eût émise ! Sir Crookes
a fait un schéma figurant un axe immuable autour
duquel s'enroule une spirale : des atomes des *corps
simples* de la chimie sont engendrés en certains points
de cette spirale qui représente une force oscillante et
réfrigérante ; cette spirale est plongée dans le vaste
océan de protyle ou de matière primitive : tandis
qu'elle s'enroule sans trêve autour de son axe immobile, elle engendre les corps simples l'un après l'autre,
et par conséquent les matériaux qui contribueront à
la formation ultérieure du monde : tel est le résumé
sèchement scientifique de son propre exposé. Or, j'ai
lu un antique ouvrage qui parle d'une montagne, --
symbole de stabilité, équivalant à un axe autour
duquel toutes choses doivent accomplir leur révolu-
tion, — d'une montagne plongée dans un vaste
océan, — j'ai lu qu'un immense serpent s'enroule en
spirale autour de cette montagne, que d'un côté les
Suras sont à l'œuvre, tandis que les Asuras de l'autre
côté sont non moins actifs : entre les deux camps —
les pôles positif et négatif de la science moderne, —
l'évolution commence et le serpent se met à enrouler
sa spirale sans fin autour de la montagne. L'axe est
appelé le mont Mandara, le serpent enroulé est le
serpent Vâsuki et l'axe lui-même repose sur Har

comme pivot ; les forces positives et négatives sont nommées Dieux et Démons et leur action sur l'océan qu'ils agitent donne naissance aux matériaux de l'Univers.

Eh bien, ces symboles sont l'œuvre du voyant qui, méditant sur l'océan de matière, a dépeint en une description pittoresque ce que les yeux de l'esprit y ont entrevu ; tandis que l'exposé qui précède est l'œuvre sèchement scientifique du penseur moderne qui aboutit à une généralisation magnifique résultant de son étude des formes : le voyant et l'homme de science se sont rencontrés !

Je vous ferai voir, quand j'en serai venu à traiter de la vie, que la science moderne tend vers notre conception de la Vie : je vous citerai des passages des déclarations les plus récentes de maîtres de la science moderne et vous verrez que leurs conceptions s'élèvent et tendent vers les antiques doctrines que nos livres sacrés exposent. Je terminerai ce matin cette première partie de notre sujet par une requête qui s'adresse à vous tous et à laquelle je voudrais vous prier de donner toutes vos pensées quand vous en aurez le loisir.

Il n'y a qu'une Vie, la Vie de Dieu, dans tout ce que renferme Son Univers : il n'y a point d'autre vie que Sa Vie, — d'autre conscience que Sa Conscience, — d'autre pensée que Sa pensée, et c'est là notre glorification, car, étant à Son Image, nous pouvons répondre aux vibrations de Sa Pensée et reproduire dans nos intelligences ce qu'Il a entrepris pour que

nous puissions accomplir notre évolution. Dans chacune des différentes parties de cet Univers, l'évolution se poursuit suivant des voies diverses : le règne
minéral en accomplit une part, le règne végétal en
accomplit une autre, le règne animal une autre, l'humanité une autre encore, mais l'humanité présente
une diversité plus grande, parce que la Soi-Conscience s'y manifeste : sur cette terre, l'image finale
de l'Être Suprême est l'homme, car la vie la plus
haute ne réside qu'en lui ; les autres êtres tendent
vers elle, mais elle n'a pas encore été évoluée en eux :
c'est pourquoi nous voyons dans l'humanité plus de
différences et entre les hommes présentement plus
de séparations ; de là aussi pour l'homme le grand
danger de l'antagonisme, dont les règnes inférieurs
sont exempts parce qu'ils ne sont pas suffisamment
évolués !

Que d'hommes prennent le peu qu'ils reflètent si
pauvrement d'une parcelle de la pensée d'Ishvara, et
proclament : « Ceci est Ishvara lui-même ! » et non
pas leur médiocre conception de Lui ; « Adorez ceci
comme je le conçois », c'est-à-dire « Adorez-moi au
lieu d'Ishvara, adorez ma conception d'Ishvara au lieu
de Lui-même. » C'est ainsi que les hommes, l'un après
l'autre, présentent leur idée de Dieu en tant que Dieu!
c'est pourquoi nous voyons le monde divisé entre une
multitude de formes de dogme et d'adorations! Alors
l'homme s'imagine que les hommes, ses frères, ado-
rent d'autres Dieux, et cette idée l'inquiète et le
trouble, car il ne comprend pas que les Dieux sont

plusieurs parce que nous adorons notre propre conception de Dieu au lieu de Dieu Lui-même, la représentation limitée que nous formons de Lui au lieu du
Moi Universel. Ils vont parfois plus loin encore ! —
il arrive qu'ils ne se bornent point à prétendre imposer l'adoration de leur conception de Dieu, à déclarer
que le manifesté est limité à ce qu'ils en connaissent,
que l'Univers est composé de ce que rêve leur médiocre imagination et non de la diversité infinie qui
seule peut représenter Sa Puissance : il arrive qu'allant plus loin, ils disent : « Si vous n'adorez pas ma
conception de Dieu, vous êtes un réprouvé ; vous et
moi, nous n'avons rien de commun, puisque vous
professez une foi différente ; loin de moi, car je suis
orthodoxe, mais, vous, vous êtes hérétique et votre
croyance n'est que blasphème ! »

Ainsi parle religion après religion, fanatique après
fanatique, homme après homme ! Chacun fait ainsi
du peu qu'il reflète le Dieu de l'Univers et entre en
lutte avec ses frères dont les conceptions partielles
de l'image divine sont cependant aussi nécessaires
que la sienne pour la reproduire totalement.

C'est là ce que je vous demande de comprendre ;
Dieu ne peut trouver Son expression totale ni en vous
ni en moi, dans notre misérable limitation, dans l'in-
digence de notre pensée, dans notre indignité impu-
demment présomptueuse. L'ensemble des mondes ne
peut L'exprimer que partiellement ; Son univers tout
entier est Son miroir et chaque fragment dans l'Univers Lui reflète une partie de Ses perfections. N'est-il

pas plus noble, plus grand, plus glorieux d'être un
fragment d'un Tout parfait, de faire partie de l'Unité
totale elle-même et de le servir en reflétant Ishvara,
que de nous enfermer avec notre petit fragment de
miroir, en essayant vainement de lui faire refléter le
tout d'une façon parfaite et en niant que nos frères
autour de nous puissent refléter leur part du Parfait ?

Ces quatre conférences sont consacrées à cette
pensée et elles auront manqué leur objet si elles ne
l'impriment fortement en vos esprits ; car Ishvara, qui
est Existence et Intelligence, est aussi A'nanda, Joie,
inexprimable Béatitude, et cette Béatitude n'est comprise que quand l'union est consciemment accomplie,
quand tout est reconnu comme Un. Puissé-je seulement vous aider à voir le Soi en toutes choses : quel
plus grand service l'homme peut-il rendre aux
hommes ?

DEUXIÈME CONFÉRENCE

DEUXIÈME CONFÉRENCE

LES FONCTIONS DES DIEUX

Frères : Ceux d'entre vous à qui est familière votre littérature sacrée savent le grand rôle qu'y jouent les intelligences spirituelles appelées « Dévas » ou « Dieux ». Ainsi que je vous le disais hier, l'exis· tence de ces Intelligences, leur présence et leur opé· ration dans l'administration de la Nature et dans l'accomplissement de la Volonté d'Ishvara sont recon- nues par toutes les grandes religions du monde : les Hindous les appellent tantôt Suras, tantôt Dévas ; les Hébreux, les Chrétiens et les Musulmans leur donnent les noms d'Anges et d'Archanges et distinguent parmi eux des hiérarchies plus ou moins élevées ; les Zoroas- triens reconnaissent également leur opération et les appellent Feristhas : ainsi, dans chacune des grandes religions, nous voyons la présence de ces agents dans le Kosmos reconnue et leurs fonctions définies (1).

_____

(1) Le moyen âge dans sa Pneumatologie, comprenait

Eh bien ! il est d'une extrême importance — tout spécialement peut-être pour les Hindous — de comprendre
combien vaste est le champ de leur activité et combien générales leurs fonctions, car il n'est peut-être
pas de sujet dont les détracteurs de la religion ancienne de l'Inde se fassent plus souvent une arme
contre elle que les actions des Dieux, telles que les
livres sacrés en relatent le détail ; en effet vous verrez
constamment ces actions incomprises ou représentées
sous un faux jour ! les inexactitudes de ceux qui les
relatent ne sont — il faut du moins l'espérer — ni
délibérément commises, ni conscientes : elles sont
imputables au matérialisme général de notre époque,
elles proviennent de ce que beaucoup d'hommes,
tout en appartenant de nom à une religion, n'ont
jamais pris conscience des *conséquences* de cette religion, en sorte que tout en professant la croyance aux
Anges, aux Archanges, etc., ils mènent exactement
la même vie que s'ils n'existaient pas. Il y a une
divergence d'opinion considérable, entre nos frères
chrétiens, au sujet des Anges : parmi les différentes
sections de la vaste communauté chrétienne, la
grande majorité de ceux qui professent le Christianisme a maintenu et maintient indemne et complète la
croyance antique au ministère des Anges : cette majorité comprend les fidèles de l'ancienne Église grecque,
appelée parfois l'Église chrétienne d'Orient, et ceux de

l'étude de la Psychologie et, en outre, spéculait sur la connaissance des anges.

la communion romaine, l'Église catholique romaine,
c'est-à-dire les deux antiques Églises qui se ratta-
chent directement aux origines du Christianisme
et qui ont conservé d'une manière continue les traditions datant de l'époque du Christ et des apôtres. Dans
leur vie quotidienne, leurs fidèles tiennent réellement
compte de la part que les légions angéliques jouent
dans le monde ; ils ne se bornent pas à voir dans les
Archanges des intelligences supérieures qui gouvernent la nature animée, — les sept principaux Archanges prenant la place que d'autres religions attri-
buent à sept Dieux, — ils admettent en outre des légions subalternes d'Anges, dont la charge permanente
est de régir les lois naturelles et de guider l'évolution humaine : ils vont même jusqu'à dire que chaque
homme est individuellement placé sous la tutelle d'un
Ange gardien, qui prend soin de lui du berceau à la
tombe, qui s'efforce de le secourir dans le danger, de
le conseiller au milieu des tentations, de le protéger
contre les périls, d'écarter tous les maux déchaînés
contre lui et qui, après l'avoir assisté quand il passe
le seuil de la Mort, l'accompagne dans l'au-delà, à
travers le monde invisible, jusqu'à ce qu'il ait remis
entre les mains du Christ lui-même celui dont il avait
la charge. Par contre, les communautés protestantes, en rompant comme elles l'ont fait, d'une
manière brusque et rude, avec les traditions antiques
tout imprégnées de vérités occultes, ont perdu, entre
bien d'autres legs précieux, cette croyance à l'opération des Anges: beaucoup de membres des commu-

5

nautés protestantes, tout en admettant l'existence
des Anges qu'ils reconnaissent vaguement comme
des « Ministres de Dieu », n'ont pas idée du rôle
qu'ils jouent dans le monde : ils ne s'adressent point
à eux comme font les catholiques romains et grecs,
ils ne leur rendent pas l'hommage journalier de
leur vénération, ils ne les considèrent pas comme
des aides, comme des intelligences supérieures à
eux-mêmes et toujours disposées à prêter assistance.
En fait, les Anges sont sortis de leur vie, en ce sens
au moins qu'ils ont perdu la conscience, la conception de leur présence : je ne puis m'empêcher de
penser que c'est une perte très sérieuse quand il
s'agit d'évolution spirituelle : l'idée de l'Être Suprême
tout entière tend à être ravalée et anthropomorphi-
sée quand les agents intermédiaires tombent dans
l'oubli, quand chacune des mesquines affaires d'une
vie humaine est pour ainsi dire placée sous la direction immédiate de l'Être Suprême. Tout en reconnaissant l'action des Dieux ou des Dévas (nous leur
conserverons cette dénomination pour le reste de
cette conférence), nous ne devons évidemment pas
perdre de vue l'Unité de la Divinité Suprême : dans
l'Hindouisme, nous ne nions pas l'existence d'Ishvara,
nous ne l'ignorons pas quand nous reconnaissons les
légions des Dévas : nous n'obscurcissons nullement
notre croyance dans l'Être unique par le fait de reconnaître la multitude innombrable des Ministres de
Sa Volonté : admettre les hiérarchies des Dévas n'est
pas plus contraire à l'Unité de Dieu que de constater

les dissemblances entre les hommes ; or nul n'oserait prétendre que nous obscurcissons l'Unité de
l'Existence divine en reconnaissant la multitude des
individus qui composent l'humanité totale ! Seuls
les préjugés et l'ignorance peuvent donner à penser
que, par le fait de leur croyance aux Dévas, les Hindous aient perdu la notion de l'Existence Unique
supérieure à Ishvara Lui-même, de l'Unité fondamentale que voile la diversité. Il n'en est rien, mais,
au lieu de regarder le monde comme gouverné par
un Dieu extracosmique, qu'un abîme sépare en
quelque sorte de Son Univers, les Hindous voient en
Ishvara la manifestation de la Vie Unique qui pénètre
tout et forme la substance de toutes choses : ils voient
en Ishvara l'unique racine d'où procèdent toutes les
existences distinctes ; l'Hindou croit en d'innombrables légions d'intelligences qui, degré après degré,
rang après rang, s'étagent entre lui et l'Être Suprème,
et sa perspective est de gravir à son tour l'échelle
céleste et d'en atteindre lui aussi le sommet : il sait
en effet qu'il est divin lui-même, quoiqu'il en soit
encore aux premiers degrés de l'évolution ; au-dessus
de lui, il reconnaît la Divinité plus hautement évoluée, de même qu'il sait reconnaître la Divinité encore
dans la pierre sous ses pieds et dans tout ce que renferme l'Univers de Dieu !

Ces préliminaires établis, en sorte que notre étude
ne puisse causer aucune méprise, nous passerons
maintenant à cette question : « Quelles sont les fonctions de ces Dévas, de ces Intelligences qui sont à

l'œuvre dans le monde ? « Vous vous rendez immédiatement compte que ces fonctions doivent présenter une grande diversité, suivant le *grade* des Dévas
que l'on considère. Ils sont à l'œuvre dans l'Immensité tout entière du Kosmos : les uns ont atteint de
sublimes hauteurs, d'autres ont dépassé de bien peu
dans leur évolution le niveau de l'humanité. La grande
différence entre eux et nous est que normalement ils
ne font pas usage d'un corps physique, quel que soit
leur degré de vie mentale, émotionnelle et spirituelle :
ce fait suffit à établir une démarcation bien nette.
L'être qui fonctionne en tant qu'homme, étant à la
fois intellectuel, émotionnel et spirituel, fait emploi
d'un corps physique, de manière à mettre en œuvre
les activités en corrélation avec le monde physique.
Les Dévas, multitude innombrable, sont tous dé-
pourvus de ce revêtement ou véhicule physique : ils
emploient normalement comme véhicule un corps
dont les éléments appartiennent à la région spéciale
de l'univers où s'exerce leur activité normale. Supposez par exemple qu'un Déva appartienne essentiel-
lement au monde spirituel, il emploiera normalement
un corps spirituel ; s'il veut agir sur le plan manasique, il créera pour son usage un corps manasique
temporaire en amassant, à cette fin, de la matière de
ce plan et en la retenant pour lui servir de véhicule
aussi longtemps qu'il agira sur ce plan ; s'il désire
fonctionner dans la région kâmique, il amassera de la
matière kâmique et s'en formera un corps temporaire ; s'il désire agir visiblement dans le monde des

hommes, il s'enveloppera de matière du plan physique et s'en fera un corps approprié à l'objet immé-
diat qu'il se propose, — et ainsi de suite pour chacun
des autres grades.

Les Dévas du monde manasique emploient normalement le corps manasique et se façonnent des
corps kâmique et physique s'ils désirent parfois un
véhicule temporaire sur ces plans; ceux de la région
kâmique emploient normalement le corps kâmique et
créent un véhicule physique quand il leur est nécessaire. Ainsi, d'une manière générale, tout Déva emploie
normalement un corps composé de matière tirée de
la région de l'univers à laquelle il appartient, mais il a
toujours le pouvoir de créer le véhicule quel qu'il soit
dont il a besoin pour accomplir toute mission dont il
peut avoir charge sur un plan différent. Ceci vous
suggérera peut-être une explication de la grande
variété de formes qu'un même Déva peut revêtir :
ceux dont la vision intérieure est développée, ceux
qui peuvent voir dans les régions invisibles à l'homme
ordinaire disent que les Dévas font usage d'un grand
nombre de formes : parmi ces formes, quelques-unes
nous ont été transmises par la tradition, décrites
à l'origine par quelque grand Rishi (1) peut-être
conservées par ses disciples, puis exprimées dans des
figures de terre, de pierre ou de métal, peintes ou
sculptées suivant les cas : une telle image est alors

(1) Un sage par l'intermédiaire de qui de grandes vérités
sont transmises à l'humanité par des intelligences plus
élevées.

transmise de génération en génération, et cette forme
particulière personnifie ce Déva aux yeux de ses adorateurs. Si parfois nous rencontrons plusieurs formes
attribuées à un même Déva, c'est précisément parce
qu'il façonne la forme dont il a besoin pour l'ouvrage spécial qu'il a entrepris, sans qu'aucune de
ces formes le conditionne : ce sont des véhicules
purement transitoires, créés en vue d'une œuvre définie; cependant certaines de ces formes sont relativement permanentes, en partie à cause du culte qui
s'adresse à elles. Souvent en effet le Déva daignera
reprendre une forme déterminée pour se rendre accessible à la pensée de ses adorateurs. Supposons par
exemple, — et c'est un exemple très élevé que nous
prenons — que Shrî Krishna veuille se manifester à
quelque sien Bhakta (1) de telle sorte que ce serviteur
dévoué ait la joie d'être pleinement conscient de la
présence de son Seigneur : Il revêtira très certainement la forme que ce Bhakta a la coutume d'adorer,
celle qui éveille les plus profondes émotions dans son
cœur : — ces formes sont en effet employées dans l'intention expresse de stimuler la dévotion, d'attirer le
cœur en lui présentant la Divinité illimitable sous
une forme conditionnée que l'intelligence concrète
de l'homme est plus ou moins capable de saisir, de
comprendre, d'admirer et d'adorer. Vous ne pouvez
aimer le vide de l'espace, vous ne sauriez fixer votre
cœur sur les abîmes de l'infini, vous vous faites illu-

(1) Disciple.

sion si vous pensez pouvoir comprendre Brahman, l'Être Suprême, avec votre intelligence limitée, mal exercée aux pratiques les plus élémentaires de la Yoga. Trop souvent, quand nous parlons de *Lui*. aucune pensée effective ne répond à nos paroles : les lèvres parlent, le cœur et l'intelligence demeurent muets. Degré par degré, il faut que nous nous élevions du manifesté au non-manifesté et Dieu Lui-même, le Dieu d'amour et de compassion, revêt des formes pleines de beauté pour attirer le cœur humain, pour que l'adoration exalte ce cœur humain jusqu'à ses pieds, pour qu'il puisse recueillir quelques parcelles de Sa Vie qui apportent au Moi de l'adorateur la compréhension même partielle de son unité avec *Lui*.

Ainsi les Dévas, à tous les degrés de leur innombrable hiérarchie, remplissent des fonctions en rapport avec leur grade : en termes généraux, leur ouvrage dans le monde consiste à guider l'évolution conformément à la volonté d'Ishvara ; cette définition résume réellement toutes leurs fonctions que nous allons cependant étudier dans leur détail. Je ne parle pas ici des vastes fonctions des Dévas supérieurs, fonctions qui dépassent notre savoir et l'enseignement que les Rishis ont donné : je m'occupe seulement des fonctions inférieures qui concernent notre monde et le système solaire dont notre monde fait partie : limitant ainsi notre étude à des proportions qui conviennent à notre ignorance, nous allons pouvoir étudier quelques-unes des fonctions des Dieux dans notre système solaire.

D'une manière générale, ces fonctions consistent, comme je vous l'ai dit, à guider l'évolution, à l'adapter à la volonté vivante de l'Être suprême, à la mettre en corrélation avec Elle, à accomplir enfin cette Volonté en faisant coïncider dans le temps et dans l'espace tous les agents et conditions nécessaires à cette fin. Une Volonté Suprême, l'Unique, gouverne l'Univers et cette Volonté tend constamment vers le progrès, vers le but assigné à l'évolution de cet Univers : immuable, constante et perpétuelle, cette Volonté ne connaît pas de déviation : selon l'expression chrétienne, « il n'y a pas l'ombre d'un changement » dans cette invariable Volonté ! L'Univers suit sa course le long de la voie que lui trace la Volonté Divine : il n'en peut être dévié, il ne peut changer sa route, — telle est la loi de l'Univers, la loi sur laquelle nous nous reposons avec une foi inébranlable ; mais tandis que la loi s'accomplit dans cet Univers où l'homme est en voie d'évolution, — l'homme en qui existe le germe de la volonté souveraine de Dieu, l'homme qui, créé à l'image de Dieu, possède en germe des pouvoirs divins ! — dans cet Univers, dis-je, à mesure que l'homme évolue, des volontés apparaissent et évoluent elles aussi, volontés distinctes, personnelles, individuelles : toute la confusion qui se manifeste dans le monde humain est due à cette évolution de volontés distinctes qui ne savent pas reconnaître en Dieu leur origine commune, qui cherchent au contraire à suivre chacune sa propre voie et prétendent aller chacune à sa façon : c'est

pourquoi, dans le monde humain et nulle part ailleurs
dans la nature, nous voyons le désaccord au lieu de
l'harmonie, des conflits au lieu de la tranquillité, la
guerre au lieu de la paix ! Le règne minéral obéit à
la loi universelle, le règne végétal se conforme à
cette loi, le règne animal obéit à sa contrainte :
l'homme apparaît, l'homme en qui doivent se développer plus tard les attributs supérieurs, quand il
aura franchi les stages inférieurs, le germe de la
volonté s'éveille en lui et la compétition des volontés séparées amène des discordes d'où sortira pour
l'humanité une condition plus haute et plus riche
que l'harmonie des règnes minéral, végétal et animal ! En effet, quand l'évolution humaine sera accomplie, des millions de volontés distinctes s'uniront dans
un accord harmonieux et grandiose et cette union
de volontés qui volontairement se donnent est plus
puissante, plus belle dans son expression que ne pourrait l'être jamais l'obéissance contrainte. La musique
que l'humanité exhale vers Dieu, avec son harmonie
infiniment variée, est une expression de la Divinité
incomparablement plus parfaite que celle qui peut
être rendue par les règnes inférieurs de la nature en
qui nous trouvons de simples monocordes; mais vous
comprendrez facilement que toutes ces volontés anta-
gonistes, quand elles se manifestent, rendent indispensable *quelque chose, quelqu'un* qui adapte, qui
maintienne les corrélations, qui rétablisse l'équilibre
entre toutes ces forces en jeu, de telle sorte que l'unité
du plan soit constamment respectée !

Prenons un exemple concret : supposons que je
tienne une balle et que je désire la mettre en mouvement : cette balle peut se déplacer en ligne droite
suivant une infinité de directions; je pourrais lui
imprimer une impulsion unique dans la direction
que je veux lui voir prendre et, obéissant à cette impulsion originale, elle suivrait exactement cette direction; c'est ainsi que se mouvrait l'univers, s'il contenait seulement des minéraux, des végétaux et des
animaux, s'il ne renfermait pas des volontés antago-
nistes, s'il était livré à l'étreinte de fer de la nécessité
qui jamais, en aucune façon, n'admet de résistance;
— mais si je connais assez de mécanique, je puis
également déplacer notre balle suivant une ligne
droite en lui appliquant deux forces divergentes et
même opposées : je peux en effet lui appliquer deux
forces sous un angle déterminé et, si cet angle est cor-
rectement mesuré. en fonction de l'intensité des deux
forces, sous l'action de leur résultante, la balle se dé-
placera dans la même direction que quand elle subis-
sait une impulsion unique; je pourrais de même appliquer à cette balle et composer trois, quatre, cinq, un
million de forces et, si elles sont exactement calculées
et équilibrées à cet effet, leur résultante prendra toujours la direction primitivement fixée. Le maintien de
l'équilibre est une des fonctions des Dévas! ils prennent les volontés distinctes, toutes ces forces divergentes imprimées pour ainsi dire à notre monde, tandis qu'il roule dans l'espace et poursuit le cours de son
évolution : ils équilibrent, ils adaptent, ils compo-

sent ces forces et c'est ainsi qu'ils maintiennent le monde constamment dans la même direction, qu'ils conservent identique la résultante qui tend à l'accomplissement de la volonté de l'Être Suprême : sans Eux, nos volontés produiraient une confusion infinie et ce monde ne compléterait jamais son évolution, il n'atteindrait jamais le couronnement de cette évolution à la place marquée pour lui aux pieds de Dieu.

Nous voyons les Dévas remplir d'autres fonctions encore qui concourent au même but : ils moulent les formes nécessaires pour que la vie, à mesure qu'elle progresse, trouve à s'exprimer : l'évolution dépend en effet du pouvoir croissant de la vie qui s'épanouit, mais elle nécessite des formes au moyen desquelles cette croissance puisse se poursuivre. Les Dévas moulent ces formes en sorte que la vie, après avoir brisé par son expansion la forme qui la contenait et qu'elle a usée, puisse trouver une forme nouvelle qui s'adapte aux capacités évoluées dans la forme qu'elle vient d'abandonner parce qu'elle n'était plus à sa taille. Nous voyons également que les Dévas brisent les formes, de même qu'ils les façonnent, toujours attentifs à leur unique objet qui est de servir l'évolution de la vie.

Ils agissent encore en qualité d'instructeurs, de guides, de conseillers auprès de ceux qui ont devancé l'évolution normale, fruits hâtifs de la race humaine: ils n'adressent pas directement leur enseignement aux masses, ils se chargent des êtres humains les plus avancés, ils les instruisent directement, les mettent à l'essai et les éprouvent comme nous le verrons plus loin : en résumé, le plan général consiste à favoriser les progrès de l'évolution et, dans l'application, cette aide s'effectue de mille manières selon les besoins du monde.

Autrefois l'action des Dévas était un fait reconnu, elle remplit les livres saints : ils se montraient continuellement au milieu des hommes, ils accomplissaient leur œuvre en plein jour, pour ainsi dire ; mais maintenant, ils ne se montrent plus au commun des hommes : parmi ceux-ci, beaucoup ont oublié jusqu'à leur existence et, même dans l'Inde, sous l'influence des idées matérialistes auxquelles ils ont été entraînés, bien des gens rougissent de dire qu'ils croient à l'existence des Dévas et à leur action : l'incrédulité n'y change rien, elle n'a d'effet que sur ceux qui nient. L'action des Dévas demeure toujours la même, ils n'en sont pas moins occupés à l'accomplissement de la Volonté suprême : seulement ils ne se montrent plus, ils ne veulent plus se manifester qu'à ceux qui reconnaissent leur existence et leur œuvre : s'ils ne se font plus voir maintenant comme ils faisaient aux temps anciens, c'est parce que les hommes d'alors étaient remplis de respect et d'amour, prêts à s'incliner devant les êtres plus sages et plus grands qu'eux-mêmes, parce que la démagogie n'était pas souveraine alors, parce que les ignorants ne se croyaient pas les égaux des savants, pas plus que l'homme ne songeait à s'égaler aux Dieux ; en ce temps-là, comme l'aide leur était rendue possible, les

Dévas venaient à l'aide des hommes, mais ils ne reviendront jamais plus visibles sur cette terre jusqu'à
ce que l'homme ait appris de nouveau, à révérer ce
qui le dépasse, à comprendre quelle est sa place dans
·le Kosmos, à adorer aussi bien qu'à commander.
Les Dévas sont à l'œuvre malgré tout : notre folie,
notre vanité, notre ignorance ne leur retirent rien de
leurs fonctions ; seulement ils agissent invisibles et
nous avons perdu le doux privilège et le réconfort de
leur présence visible, la force et la joie des temps héroïques, la dignité de la collaboration consciente avec
les Immortels, l'assurance toujours renouvelée de la
vie superphysique. Pas une mort ne se produit sur
notre terre, sans qu'un Dieu ait lui-même marqué
pour la destruction le corps dont la tâche est achevée, pas une « catastrophe naturelle » dont un Dieu
n'ait guidé le déchaînement ; pas un secours n'arrive au besogneux dont un Dieu ne soit l'agent véritable derrière l'auxiliaire visible ; pas une réponse
au cri de détresse de l'homme qui ne soit la réponse
d'un Dieu à la douleur humaine. Partout ils sont à
l'œuvre, partout ils produisent ce que nous attribuons au fonctionnement automatique d'une nature
sans vie : chaque phénomène est le voile d'un Dieu et
rien n'a lieu sans qu'une Intelligence y prenne part.

Il y a sept grands Dieux au-dessus de la Trinité, de
la Trimourti : toutes les religions reconnaissent l'existence de ces sept grands Êtres ; le Chrétien parle des
« sept Esprits qui se tiennent devant le trône de Dieu»;
le Zoroastrien nous parle des sept Ameshaspendas

qui gouvernent le monde; les Chaldéens distin-
guaient sept grands Dieux : cinq seulement de ces
sept Dieux sont à l'œuvre et deux sont encore cachés,
car l'univers est en cours d'évolution et n'en a traversé encore que les cinq premiers stages, c'est pourquoi nous ne pouvons parler avec précision des
« fonctions des Dieux » que pour cinq de ces grands
Dévas. Les deux Dévas encore cachés dépassent notre
connaissance : ils sont en corrélation avec des stages
futurs de l'évolution du Kosmos. Examinons les cinq
autres : vous connaissez suffisamment les noms dont
on les nomme par rapport à leurs fonctions ; ils sont
en rapport avec les tattvas dont nous parlions hier ;
le Seigneur d'A'kâsha, *Indra* ; le Seigneur de l'Air,
Vâyu ; le Seigneur du Feu, *Agni* ; le Seigneur de
l'Eau, *Varuna* ; le Seigneur de la Terre, appelé parfois *Kshiti* (on le désigne sous plusieurs noms différents) ; chacun de ces grands Dévas a ce que nous
pourrions appeler une région assignée à son activité
et la matière dont est composée cette région est la
matière dans laquelle il agit, mais, en outre de la région qui lui est propre, chacun d'eux est représenté
dans le domaine de tous les autres Dévas par une subdivision de région sur laquelle son influence s'exerce
plus spécialement ; ces régions sont les grands
plans cosmiques dont je vous ai parlé, plans que les
tattvas différencient les uns des autres, mais si nous
descendons au plan physique et considérons exclusivement le tattva Prithivi, nous nous apercevrons
qu'il présente lui-même une division septennaire

et qu'il renferme des solides physiques, la terre physique ou Prithivï, l'eau physique ou Vâyu, l'éther physique ou Agni, l'air physique ou Vâyu, l'éther physique ou A'Kâsha ; chacun des grands Dévas agit
donc sur chaque plan à travers le médium correspondant à la région qui lui appartient dans l'ensemble
du Kosmos.

Combien souvent nous retrouvons ces correspondances imprimées en quelque sorte dans la nature !
Nous voyons la lumière avec ses sept subdivisions,
les sept couleurs du spectre solaire, et la gamme avec
ses sept notes : sons et couleurs sont produits par des
vibrations les uns comme les autres et chacun d'eux
est déterminé par le nombre de vibrations émises
dans l'unité de temps. Comme l'univers est édifié par
l'opération de vibrations, les sons et les couleurs sont
des facteurs de l'univers d'une manière générale et
chaque région de l'univers est dite avoir sa couleur
propre, ou plutôt le Déva de cette région a une couleur propre qui dépend de sa puissance de vibration,
couleur qu'il imprime à la région qu'il gouverne : si
bien qu'un Rishi qui d'un plan supérieur regarde le
système solaire, ne perçoit pas seulement les sept
notes fondamentales de la musique composant « l'harmonie des sphères ». Il voit en outre un somptueux
déploiement de couleurs, car les sphères des grands
Dévas, chacune avec sa couleur propre, s'interpéné-
trent les unes les autres, produisant par le mélange
de leurs rayonnements un chatoiement splendide, le
merveilleux « arc-en-ciel qui entoure le trône de

Dieu ». Aujourd'hui les expressions mystiques de ce
genre ont perdu toute signification pour la masse,
parce que la vision de ceux qui les écrivirent est très
peu développée de nos jours et que bien peu peuvent
voir comme les voyants d'autrefois.

Chacun de ces grands Dévas a au-dessous de lui
une légion de Dévas subordonnés qui exécutent ses
décrets ; l'organisation d'un État quelconque vous
donnera une image très exacte du gouvernement du
système solaire (1); nous y voyons à la tête un empe-
reur ou une impératrice, puis, au-dessous, des personnages pourvus d'offices qui représentent l'autorité
suprême dans les diverses subdivisions du royaume, —
soit une autorité centrale, unique, régissant l'ensemble et ses délégués qui exercent le pouvoir direct
dans les divers départements de l'empire; tous ces
personnages sont classés en une hiérarchie, si bien
que nous voyons des ministres, des juges, des magis-
trats aux postes suprêmes, puis d'autres qui leur sont
subordonnés à des degrés de moins en moins élevés,
dont chacun administre une région de plus en plus
restreinte, dont les fonctions deviennent de plus en
plus limitées, à mesure que nous descendons l'échelle
officielle, mais dont chacun est toujours responsable
vis-à-vis de son supérieur hiérarchique. C'est vraiment là une fort bonne image du gouvernement du
système solaire : la tête de tout est Ishvara Lui-
même; ses vice-rois sont les grands Dévas ayant

---

(1) Cf. IzOULET, *la Cité moderne*, p. 305. — : « Dieu, c'est
le gouvernement de l'Univers... »

chacun un vaste domaine qu'il régit spécialement et
une hiérarchie sous ses ordres, hiérarchie qui s'étend
jusqu'aux Dévas les plus inférieurs, qui accomplissent leur ouvrage dans le champ limité d'un « vil-
lage » du système solaire.

Voilà donc un aperçu des fonctions des Dieux, et
maintenant la première idée qu'il importe de saisir
est celle-ci : toutes les fois que nous voyons l'une
quelconque de ces formes fondamentales de manifestation sur le plan où notre conscience est à
l'œuvre, le plan physique, nous devrions essayer de
prendre conscience de la présence du Dieu derrière
le phénomène matériel : que ce soit le feu d'un
volcan, ou l'incendie qui dévaste des forêts immenses,
ou encore la flamme qui brûle au foyer domestique
ou sur l'autel des sacrifices, pas un feu ne brûle sur
cette terre qui ne soit *Agni* manifesté, avec ses pouvoirs possibles rendus visibles. Ce n'étaient pas de
vains rêveurs ceux qui, aux temps anciens, ordon-
naient à vos pères d'entretenir le feu, le feu du foyer
que les époux allumaient le jour de leur union, et
qu'ils emportaient dans la forêt quand leur vie en
commun avait atteint son terme : ils emportaient ce
feu avec eux et ce feu conservait auprès d'eux la
présence du Dieu qui, tout au long de l'existence
qu'ils avaient partagée, avait béni, avait guidé, avait
donné la prospérité et rendu possible et désirable le
retrait final de la vie en commun : c'est une de ces
vérités nombreuses que l'Inde moderne est en train
de perdre !

Au temps où l'homme avait foi en ces vérités, où il s'acquittait des cérémonies dont elles impliquent le devoir, la nature agissait pour sa part suivant un ordre bien défini et on ne voyait pas se produire les irrégularités continuelles qui ont lieu de nos jours : dans cette collaboration harmonieuse des hommes avec les Dieux, la nature répondait à l'homme comme l'homme répondait à la nature : aussi longtemps que l'homme s'acquittait de son devoir, la nature à son tour accomplissait le sien : la sécheresse, la famine le manque de soleil, la peste, toutes les formes enfin de la misère humaine étaient regardées comme ayant leur origine dans les fautes de l'humanité ; l'homme retournait avec soumission aux devoirs qu'il avait négligés et rétablissait ainsi l'équilibre rompu par sa propre irrégularité.

Essayons de voir comme exemple concret l'ouvrage des Dieux dans ce que nous appelons l'évolution de la nature : nous nous adresserons au grand Dieu Varuna. Il agit au moyen de l'eau, — l'eau, dans toutes ses manifestations, est sienne, sur le plan physique ou sur tout autre plan, sous toutes les formes qu'elle est susceptible de prendre, car ce que nous appelons « eau » est naturellement sa manifestation la plus inférieure, la plus grossière, son *corps physique* en quelque sorte.

Varuna agit dans la nature au moyen de l'eau en d'innombrables manières, pour dissoudre, pour combiner, pour dissocier : si nous prenons ses œuvres les plus puissantes, quelle conception grandiose

n'atteindrons-nous pas du pouvoir de ce Dieu :
revenez en arrière avec moi, pénétrons dans les lointaines profondeurs du passé à l'époque où l'humanité n'avait pas encore pris forme ; figurez-vous
le monde tel qu'il était alors ; voyez comme le feu et
l'eau, Agni et Varuna travaillent toute matière pour
approprier le monde à servir de berceau à l'humanité
à venir ; voyez comme Varuna travaille à préparer
tout ce qui est nécessaire, montagnes et vallées,
fleuves et plaines ; voyez la puissance de son œuvre
aussi bien que celle de son frère Agni, en conflit appa-
rent, mais en réalité en harmonie profonde : le feu et
l'eau se rencontrent, leur explosion érige une chaîne de
montagnes à l'endroit où elle faisait défaut ! Regardez
encore : Varuna rassemble la neige sur les cimes des
montagnes, peu à peu il emplit avec des masses de
cette neige qui se comprime en glace (1) les ravins
creusés par l'action combinée des volcans : puis la
lente érosion commence : poursuivant son œuvre sous
forme de glacier, le Dieu puissant laboure le flanc de
la montagne, il laboure encore et encore, creusant
dans le sein de la terre un profond sillon et préparant
l'avenir ; voyez ensuite, après des âges : le canal
que fraya le glacier est occupé maintenant par des
cataractes bouillonnantes de neige fondue ; un tor-
rent y dévale en tumulte et rien ne peut résister à
ses flots déchaînés ; la vallée que la glace a creusée
comme un soc est inondée d'eau qui, lentement, y

(1) Voir TYNDALL, *les Glaciers et les transformations de l'eau.*
Librairie Alcan, Paris.

dépose de la terre, préparant de fertiles contrées dont les moissons permettront plus tard à l'homme de vivre. Alors Varuna rassemble ses eaux dans un canal de plus en plus étroit, jusqu'au moment où nous voyons une chaîne de montagnes, une vallée et une rivière qui l'arrose; il prolonge le cours de sa rivière et la déverse dans l'océan, puis son frère Agni en évapore les eaux pour former les nuages. Ainsi leur action puissante et qui semblait destructive a produit la construction de cette plaine et de cette vallée où des hommes pourront vivre et aimer, où des enfants viendront prendre leurs ébats, où des chevaux iront paître, où les moissons pourront croître et mûrir sous le soleil, où l'homme, habitant des rives paisibles de la rivière, adorera Dieu qui a rendu possibles sa vie et son bonheur.

Nous parlons parfois de la cruauté de la nature : voyons ce qu'il en est réellement de cette cruauté. Le monde est maintenant habité... une foule d'hommes peuple notre vallée et soudain cette même rivière qui la rendait habitable et fertile déborde de son lit, son flot puissant emporte villages et villes. hommes, femmes, enfants, bestiaux, et ne laisse derrière lui que la désolation. Qu'est ce que cela? cette horreur est-elle l'ouvrage d'un Dieu? Et Varuna, qu'a-t-il fait?— Varuna agit en vue de l'évolution : sa pensée s'attache non point aux formes où la vie est enfermée, mais à la vie qui évolue en elles et qui peut façonner pour elle-même des formes nouvelles. Quand tous ces êtres sont emportés par l'inondation, ce sont simplement des formes qui s'évanouissent ; la vie rejaillit sans atteinte, affranchie, car le corps est la prison de la vie qui évolue et, si les portes de la geôle n'étaient jamais défoncées, nous resterions enfermés pour toutes nos vies et nous ne ferions aucuns progrès dans l'avenir. Pour le Dieu, la forme n'est rien et la vie est tout, la forme est le véhicule changeant, approprié à des besoins passagers et la vie qui le façonne est la seule chose qui vaille la peine qu'on y pense : c'est pourquoi il rejette la forme quand elle a fait l'usage dont elle était capable et de sa part cette destruction est un acte de charité suprême, c'est l'acte le plus profitable à l'évolution. C'est une erreur, mes frères, d'envisager la mort, les yeux en larmes et le cœur brisé : la mort est la transition qui mène à une renaissance plus haute, qui libère l'âme emprisonnée : c'est la libération qui permet à l'oiseau enfermé dans une cage étroite de prendre son essor et de monter dans les cieux en chantant avec joie la liberté recouvrée. Cela vous semble-t-il étrange ? Le Mahabharâta (1) va nous donner un exemple : les Dieux tenaient conseil dans Svarga (2) pour fixer comment certains d'entre eux se réincarneraient sur la terre, afin d'aider l'humanité au milieu d'une grande crise de l'histoire du monde ; il fallait de grands

---

(1) Voir *The Story of great War*, par ANNIE BESANT, Théosophical Publishing Society, 26 Charing Cross, Londres.
(2) Svarga, *la Contrée des Dieux* pour les Hindous ; le terme sanscrit équivalent est Devasthan. (Voir M** BESANT, *la Sagesse antique*, chap. v, Balat, Bruxelles.)

hommes et la question était de savoir si quelques-
uns des Dieux consentiraient à se conditionner dans
les limites de formes humaines, afin de donner une
aide spéciale au progrès humain ; le fils de Soma
Déva, appelé Varchas, était parmi ceux dont le concours était nécessaire pour l'ouvrage qui se préparait
et les Dieux désiraient que ce Déva prît naissance sur
la terre. Soma Déva hésitait, il n'aurait pas voulu que
son fils quittât la vie céleste et son père, et s'il con-
sentit finalement à ce que Varchas se réincarnât en
Abhimanyu, fils d'Arjuna, il y mit cette condition
expresse qu'il vivrait seize années seulement de la
vie terrestre et qu'il serait tué à la grande bataille de
Kurukshétra. — Quelle étrange façon d'envisager la
vie ! direz-vous ; qu'il est extraordinaire d'entendre
l'amour stipuler des conditions pareilles : que ce
jeune homme meure à seize ans, à la fleur de son
adolescence ! qu'il meure de mort violente ! C'est là
cependant la volonté de celui qui l'aimait le mieux,
tant les cieux et la terre envisagent les choses d'un
œil différent. Soma voyait la vie et ne se souciait
point de la forme ; pour un Dieu, la forme est une
prison, et la mort, le geôlier qui affranchit ; c'est
pourquoi Soma posait cette condition que l'adoles-
cent divin vivrait seize années seulement de la vie
des hommes, et alors « mon fils au bras puissant re-
viendra vers moi », il quittera la terre sur un champ
de bataille, succombant avec gloire au milieu du
combat.

Savez-vous que parfois l'engloutissement d'une

civilisation entière par une convulsion naturelle, —
telle que l'ensevelissement d'Atlantis sous les flots
de l'océan que nous nommons Atlantique, — est la
meilleure preuve d'amour que le suprême Ishvara
puisse donner, par l'intermédiaire de ses agents, aux
vies en voie d'évolution, car il est des périodes dans
l'histoire du monde où l'homme est si passionnément
engagé dans une ligne de conduite contraire à son
progrès réel, où il place si obstinément son désir
dans les objets qui le captivent et retardent son évolution, que la seule grâce que les Dieux puissent
lui faire est de mettre en pièces sa forme et de lui
donner pour ainsi dire un nouveau point de départ
pour évoluer son *Soi*, la Vie. Il m'est arrivé, quand
j'ai visité quelques-unes des misères de nos grandes
cités de l'Ouest, quand le devoir que je poursuivais
m'a fait traverser, le cœur brisé, les bouges de l'est
et du sud de Londres, ceux de Glasgow, d'Édin-
burgh ou de Sheffield, quand j'ai observé les types
des hommes et des femmes qui m'entouraient, quand
j'ai vu la nature humaine presque voilée par la brute,
l'humanité dégradée à tel point qu'il devenait presque impossible de la reconnaître et que la seule forme
sous laquelle il semblait possible de demander secours en sa faveur était la libération de la vie emprisonnée, j'ai eu parfois l'impression que rien, sauf
la destruction des formes, ne pouvait donner d'espoir pour les vies qu'elles emprisonnaient, — que,
pour ces hommes et ces femmes tels qu'ils étaient.
dégradés, abrutis, ivrognes, dépravés, pour ces

formes où l'animalité mettait une si forte empreinte,
la plus grande grâce que Dieu pût leur faire eût été
un tremblement de terre engloutissant l'énorme cité
tout entière et libérant les vies qui s'y trouvaient
parquées sans espoir : pas une de ces vies n'eût été
perdue en effet, pas une d'elles n'eût été sacrifiée,
elles seraient devenues libres de prendre des formes
un peu moins dépourvues de plasticité et de laisser
l'action divine s'exercer librement, chose qui ne devient possible parfois que quand les formes, — les
formes de mal, — ont été détruites. Nous disons parfois que l'éducation des enfants est plus facile que
celle des adultes, parce qu'ils sont plus malléables,
plus plastiques; de même les Dieux jugent parfois
nécessaire à l'évolution que l'Ego-enfant prenne une
forme plastique au lieu de sa forme rendue rigide
par l'âge et pareille à une prison, et c'est pourquoi
ils brisent tout ce qui l'enserre de manière que la
jeune vie puisse croître librement.

Une autre des grandes fonctions des Dieux consiste à s'occuper du karma des nations, du « karma
collectif » comme on l'appelle parfois. Supposez une
nation qui agit en tant que collectivité, — je ne
m'occupe pas ici des individus introduits par leur
karma individuel dans cette collectivité, mais de la
nation agissant comme une unité, — et supposez que
cette nation commette un crime envers une autre
nation... nous avons assisté l'année dernière à une
opération du karma si formidable que je la prendrai
pour exemple : il s'agit de l'Espagne. Il y a quelques

siècles, l'Espagne était à l'apogée de sa grandeur,
elle était puissante parmi les nations de l'Occident.
Un don lui fut dispensé en vue d'aider son progrès,
le don de connaissances nouvelles : à vrai dire, venant
de l'Arabie et portant l'empreinte de l'islamisme (1),
elles se présentaient dans des conditions qui devaient les rendre difficilement acceptables ; ce furent
en effet les enfants de l'Islam qui les introduisirent ;
ils apportaient avec eux le flambeau de la science et,
en s'établissant dans le sud de la Péninsule, ils trans-
mirent leurs lumières à l'Espagne ; des universités
s'ouvrirent, des groupes d'études considérables furent
constitués, de toutes les parties de l'Europe on vint
en foule aux écoles de Cordoue pour apprendre les rudiments de cette science qui depuis lors s'est si puissamment développée dans les contrées occidentales.
Que fit l'Espagne ? contre ces Maures et contre les
Hébreux, versés eux aussi dans les connaissances
de l'Orient, l'Espagne fit appel aux armes atroces de
l'Inquisition, le bûcher, le chevalet, les cachots, la
torture et l'exil. Qui pourrait compter les centaines
de milliers d'individus qui furent expulsés de leurs
foyers, les familles dispersées, les misères, les privations intolérables, résultats de l'expulsion des
Maures et des Juifs hors du territoire de l'Espagne ?

L'Espagne n'avait pas encore épuisé les succès que
lui réservait son karma : Colomb, fils de l'Italie, vint
servir sa gloire, il réussit à franchir l'océan Atlan-

(1) Voir JANET et SÉAILLES, *Histoire de la Philosophie*, p. 1001,
l'influence d'Averroès et de Maimonide.

tique et, dans le sillage de ses vaisseaux, arrivèrent
bientôt les navires des conquistadors de l'Amérique,
pleins de soldats espagnols. Je ne m'attarderai pas
sur l'histoire de la conquête du Mexique, ni sur la
conquête du Pérou, plus terrible encore ; je n'ai pas
le temps de vous faire le récit déchirant de la destruction d'une grande civilisation, de l'anéantissement
total du Pérou, et jusque dans ses traces les plus
exquises, de l'une des civilisations les plus parfaites
que notre monde ait jamais connues, de l'écrasement d'une race paisible, de ces Indiens qui furent
mis aux fers, emprisonnés, privés de ce glorieux
Soleil dont leurs Incas étaient fils : trop doux pour
résister, accoutumés à vivre au soleil, parmi les
fleurs et la musique, ils furent entassés dans des
souterrains qu'on leur fit creuser dans d'anciennes
falaises, ils y périrent par milliers en extrayant de la
terre l'or et l'argent qu'exigeaient les conquérants
espagnols, si bien que le nom même de cette antique nation disparut et qu'il ne resta que quelques
Indiens disséminés pour représenter au Pérou ce
qui avait été une des plus brillantes civilisations du
monde.

Tel fut le karma engendré par l'Espagne aux jours
de sa gloire, puis l'horreur même de ses conquêtes
sombra dans l'oubli du passé... mais les Dieux ou-
blient-ils ? Non, leur mémoire est parfaite, ils administrent la Loi Divine, préparant aux semeurs leur
moisson ! Dans la contrée que les Espagnols avaient
outragée, dans ce même pays qu'ils avaient conquis,

une nation nouvelle surgit au cours des siècles pour
reprendre la lutte d'autrefois entre les deux hémi-
sphères et aujourd'hui nous venons de voir l'Amérique et l'Espagne aux prises de nouveau dans une
étreinte mortelle, mais cette fois l'équilibre de la
balance s'est déplacé ; l'Amérique est devenue l'agent
karmique chargé de compenser les maux infligés
aux Aztèques et aux Péruviens et d'expulser de l'hé-
misphère occidental la nation qui outragea l'humanité aux siècles passés. L'intervention des Dieux est
nécessaire pour amener les nations à régler les
comptes ouverts entre races et pour rétablir ainsi
l'équilibre : c'est ainsi qu'ils agissent en employant
les hommes comme agents et qu'ils produisent les
résultats nationaux voulus. Ils atteignent ce but en
partie en faisant réincarner à une époque déterminée
les hommes que leur karma individuel rend susceptibles de devenir agents du karma collectif de leur
nation. Quoi de plus frappant dans la guerre his-
pano-américaine qui vient de se terminer que l'incapacité absolue des hommes qui gouvernaient l'Espagne ? D'où venaient-ils ? C'étaient des hommes qui,
dans le passé, s'étaient préparés par leur karma individuel la triste destinée de gouverneurs incapables ;
ils avaient été amenés par les Dieux à reprendre
naissance dans les familles où le gouvernement espa-
gnol choisit ses chefs, afin que, par leur faiblesse et
leur incapacité, leur lâcheté et leur imprévoyance,
ils pussent conduire leur nation à sa perte et devenir
les instruments requis pour l'accomplissement du

mauvais karma de l'Espagne. Et de même voyez
comme surgissent les grands hommes, au moment
voulu, pour mener leur nation à la victoire : ceux-là
aussi sont choisis à l'avance par les Dieux à cause
de leur karma individuel, ils sont amenés à se réincarner en temps et lieu, quand il est besoin d'eux
pour l'accomplissement du karma collectif d'une nation : ce n'est pas le hasard qui met au monde un
homme, ce n'est pas davantage le fonctionnement
d'une loi sans vie, ni l'œuvre d'une aveugle nécessité ; les Dieux interviennent avec une intelligence
qui prévoit et pourvoit. Ils choisissent pour accomplir leurs fins les hommes que leur karma individuel
rend propres à devenir leurs agents pour l'œuvre
entreprise et Ils les amènent à prendre naissance à
l'endroit même où ce karma peut concourir au karma
collectif de leur peuple.

Dans les limites beaucoup plus restreintes, ceci
est également vrai de l'accomplissement du karma
individuel ; vous avez dû vous demander parfois
avec étonnement comment la loi karmique peut
s'appliquer avec une justice rigoureuse, malgré l'in-
terférence d'innombrables activités humaines : c'est
précisément parce que les Dieux guident son accomplissement ! Vous rencontrez sur votre chemin un
affamé, et, si vous vous méprenez sur le karma, —
comme font un trop grand nombre d'entre vous, à la
grande honte de l'Inde, de cette contrée où cet enseignement remonte à une antiquité immémoriale, —
vous vous détournez de cet homme en disant que c'est

son karma d'avoir faim et de périr : dans vos cœurs
endurcis, vous prétextez la volonté de Dieu pour
masquer votre égoïsme, votre indifférence, votre
défaut d'amour. — Le karma de cet homme ? d'avoir
faim ? en effet et c'est pourquoi il jeûne !... mais si
un Dieu vous a conduit auprès de votre frère qui a
faim, c'est parce qu'il voulait faire de vous l'agent de
sa miséricorde envers cet homme dont la souffrance
vient précisément de racheter le mauvais karma : le
Déva vous dit : « Homme, ton frère est affamé ; sou-
lage-le comme c'est son karma d'être soulagé et sois
mon agent pour accomplir la loi »; mais si vous refu-
sez au Dieu, si, aveuglé par l'ignorance ou l'indifférence, vous vous détournez sans vouloir transmettre
à votre frère son message, celui-ci n'en arrivera pas
moins à son adresse : le Dieu trouvera quelque autre
agent ou bien encore. Il s'en acquittera lui-même
par quelque acte qui, aux yeux des aveugles, pourra
sembler un miracle, car le plan divin ne connaît pas d'obstacle ; quant à ceux qui ont refusé
d'agir comme ses agents, qui ont refusé de transmettre ses messages, ils se préparent comme karma
l'isolement sans assistance quand l'heure du besoin
sonnera pour eux à leur tour dans l'avenir : ceux qui
administrent la bonne Loi n'oublient point, toute
dette est réclaméé à son heure, tout créancier est
payé intégralement. « Si je rencontre un homme,
direz-vous peut-être, il ne s'ensuit pas que son karma
soit nécessairement épuisé à ce moment même ? »
En effet, mais ce n'est pas votre affaire, c'est le rôle

du Dieu qui guide de détourner l'aide physique, si
le karma du destinataire est encore mauvais. Si cette
occasion vous est donnée de créer un bon karma et
si vous l'accueillez, vous conservez tout le mérite de
votre bonne volonté, vous gardez toute l'heureuse influence de votre disposition au sacrifice, mais, en
même temps, si l'heure n'est pas venue où votre frère
doit être soulagé, son objet sera soustrait à votre
charité, les circonstances, comme vous diriez, le met-
tront hors de votre atteinte. Laissez les Dieux faire
l'ouvrage des Dieux et administrer la Loi : acquittez
vous de cette charité, de cet amour, de cette compassion dont Ils voudraient que l'homme fasse
constamment preuve envers les hommes. Nous ne
pouvons enfreindre la Loi, nous ne pouvons contre-
carrer leurs plans : nous avons le choix entre la collaboration et le refus, et de cela notre karma individuel dépend.

Développant ce qui précède, nous reconnaîtrions
que les Dévas réunissent les êtres et les séparent, toujours en vue de l'accomplissement de leur karma individuel, que les hommes sont guidés à leurs places
et positions respectives à des moments déterminés
par les circonstances que leur karma les oblige à
traverser.

Par la constitution de ses corps visible et invisible, chaque homme est en relation spéciale avec
l'un ou l'autre des grands Dieux; cette constitution
lui donne une affinité particulière pour un Déva plutôt que pour aucun autre. Prenons un exemple : les

légions de Dévas inférieurs qui dépendent d'Agni emploient, pour constituer les corps visible et invisible d'un homme, le type de matière dans lequel ce Dieu agit normalement : il en résulte pour cet homme une relation spéciale avec ce Dieu en particulier. Chaque homme est donc en corrélation avec une manifestation déterminée de Dieu, et c'est vers Elle qu'il devrait se tourner de par sa constitution et son stage d'évolution mêmes. Par malheur, de nos jours, l'ignorance a si généralement pris la place de la connaissance, qu'il est difficile pour un homme de discerner à quel Dieu il est relié de la sorte. Je n'ai pas le loisir de m'étendre sur ce point, mais vous verrez combien il confirme l'ancienne croyance d'après laquelle les hommes adoraient avec raison des manifestations différentes de Dieu et y trouvaient profit.

Il nous faut passer en hâte sur cet aperçu, car nous avons encore à nous occuper des âmes plus hautement évoluées : comme votre capacité à défendre votre littérature sacrée contre les attaques de ceux qui ne la comprennent pas dépendra de votre propre compréhension de cette partie du sujet, je vous demanderai de me suivre ici avec attention : vous pourrez appliquer ensuite en cent autres cas les principes que je vais vous expliquer à l'aide d'histoires appropriées.

Dans leurs relations avec les êtres humains les plus avancés, les Dévas ont pour mission de les instruire, ainsi que je l'ai déjà indiqué, et aussi de les éprouver,

de les mettre à l'essai, — de voir jusqu'à quel point
ils sont dignes de confiance en éprouvant leurs points
faibles, de telle sorte que ces points faibles puissent,
être éliminés, en faisant porter l'épreuve partout où
subsiste un germe de vice de manière que ce germe
puisse être arraché, — Essayons de bien comprendre
la nature de cet ouvrage : voici un homme qui a fait
de grands progrès, il touche au terme de ses renaissances ; or il subsiste en cet homme quelques germes
de mal que l'action de karma n'a pas encore amenés
à se manifester : il est sur le point d'être libéré et
cependant il ne peut l'être tant que ces germes sub-
sistent. Que faire de cet homme ? Il faut hâter le
moment où ces germes de mal seront mûrs, il faut
les faire croître plus vite qu'ils ne feraient normalement, il faut les éliminer quoi qu'il en coûte de peine,
d'angoisse et de dégradation temporaire ; le Déva
combinera donc un ensemble de circonstances propres à faire mûrir le germe, à lui faire porter son
fruit, et de la sorte, l'homme, agissant comme il l'eût
fait après que l'évolution eût lentement produit cette
même maturation, peut souffrir des conséquences de
son erreur et, par cette souffrance, il peut éliminer
sans longs délais le mal qui persistait dans sa nature
et qui seul l'empêchait d'atteindre à la libération.
Laissez-moi vous illustrer chacun de ces points au
moyen d'une histoire, de manière à rendre claire
pour vous l'action des Dévas : vous reconnaissez
qu'un homme est fort ; soit, mais cette force doit être
mise à l'essai pour voir si elle est sans défauts ; si un

homme doit se suspendre à une corde pour descendre
dans un précipice, s'il doit confier sa vie à cette corde,
il importe qu'elle subisse des tractions et soit mise à
l'épreuve pour voir s'il n'y a pas en elle quelque point
faible qui puisse occasionner sa rupture et la chute
de l'homme : il pourrait y avoir un défaut dans la
corde et, tant qu'elle n'aura pas été éprouvée,
l'homme ne voudra pas lui confier sa vie. Combien
moins le Déva consentira-t-il à risquer le progrès
d'un homme avancé sur une vertu dont la force
n'est pas à toute épreuve ? Il en fera l'essai en la
soumettant à toutes les difficultés possibles, jusqu'à
ce qu'elle ait fait preuve d'une force suffisante
pour supporter le fardeau qu'elle peut être appelée à soutenir. Nous tirerons nos histoires du Mahâbhârata que vous connaissez tous ou devriez tous
connaître.

Arjuna cherchait des armes divines, — il devait
être un grand chef dans une bataille encore à venir;
nous sommes au temps de l'exil de treize années et
vous pouvez vous rappeler qu'Arjuna passa plusieurs années de cette période à la recherche de ces
armes : il recherchait Maheshvara qui lui avait promis sa propre arme et il accomplissait beaucoup
d'austérités afin de pouvoir se présenter pur devant
le Dieu. — Un jour, pendant qu'il accomplissait ses
dévotions, un sanglier vint à passer; au même instant un chasseur apparut, un chasseur de très basse
caste, un chasseur des collines. Arjuna, vous vous
en souvenez, était un Kshattriya; en cette qualité,

7

il saisit son arc pour abattre le sanglier, mais le
chasseur leva également son arme, pour faire de
même; les deux flèches partirent à la fois, et le sanglier tomba mort. Arjuna fut très irrité de l'intervention de ce chasseur de basse caste, il lui cria ;
« Comment oses-tu tirer un sanglier qui m'appartient ? » puis il se mit à le quereller en le menaçant
de mort. Le chasseur répliqua : « Si vous voulez
la lutte, luttons. » A ces mots, Arjuna fit pleuvoir
ses flèches sur le chasseur, mais toutes glissaient
sur lui; le chasseur lui criait en riant : « Excellent,
— parfait, — va, — continue. » Arjuna employa
contre lui une arme après l'autre, mais sans succès,
les flèches glissaient; arbres, rocs, tout se brisait
contre le chasseur; il demeurait sans une blessure,
sans atteinte, jusqu'au moment où, à la fin, il se fit
reconnaître comme Mahadéva et loua l'homme qui
avait su maintenir son droit même contre la Divinité.
C'est ainsi qu'il mit à l'épreuve la force d'Arjuna :
le Kshattriya pouvait-il être envoyé à Kurukshétra
avec des armes célestes s'il n'était pas de force à
combattre? Mettez-le en face de la puissance divine, limitée de manière à pouvoir être affrontée et
combattue; quand son courage aura été reconnu
indomptable et sa force suffisante, envoyez-le alors
à Kurukshétra, ayant fait ses preuves et capable dès
lors de mener ses hommes à la victoire.

Prenez un autre cas plus difficile. Yudhisthira
a le cœur navré : il lutte, il a échoué, il est en danger. Drona, qui est en face de lui, commande les ar-

mées ennemies et l'a repoussé du champ de bataille.
Nul ne peut tenir contre Drona, tous fuient devant
la face de ce puissant guerrier; il repousse toutes
les attaques. — Que faire? Yudhishthira est au dé-
sespoir. Va-t-il être vaincu? — C'était un roi sans
reproche que ce fils de Pandu, une des figures les
plus nobles et les plus irréprochables que la littérature antique ait peintes, mais avec une pointe de
faiblesse qui, aux moments critiques, pouvait parfois se manifester, une trop grande disposition à
céder, un défaut de cette qualité du Kshattryia qui
consiste à savoir tenir tête seul contre une force quelconque qui l'assaille ; c'était là un petit germe de faiblesse, mais renfermant la possibilité d'une chute
fatale ! Shri Krishna, le grand Avatâra, se tenait à
ses côtés, quand Bhîma arrive précipitamment du
champ de bataille ; il annonce qu'il a tué un éléphant
qui porte le même nom que le fils de Drona : si Drona
entendait dire que son fils Ashvatthâma est mort, il
laisserait tomber ses armes, il laisserait fuir ses ad-
versaires ; il ne combattrait pas un instant de plus,
si son bien-aimé était mort. « Je lui ai dit qu'Ashvat-
thâmâ n'est plus, mais il n'a pas voulu me croire ; il
m'a envoyé vers vous en disant : « Yudhisthira est
dévoué à la vérité, il ne dirait pas un mensonge pour
la souveraineté des trois mondes ; s'il dit qu'Ashvat-
thâmâ est mort, je le croirai »... — L'épreuve est terrible, c'est une force formidable qui agit sur cet homme
en qui subsiste une faiblesse ; et Shrî Krishna, à ses
côtés, le surveille attentivement et lui conseille de

proférer un mensonge... Un Dieu conseille à cet
homme presque sans reproche de mentir? Quelle
scène étrange ! Yudhishthira, cédant à Krishna, pro-
nonce un mensonge... Drona laisse tomber ses
armes, il est tué.

Si l'histoire s'arrêtait là, nous pourrions à bon
droit nous montrer étonnés ; s'il ne nous en était pas
dit davantage de la vie de Yudhishthira, nous pourrions nous demander: « Que venons-nous d'étudier
là ? » Mais, quand nous nous souvenons qu'une des
grandes fonctions de l'Instructeur, du Gurudéva, est
d'amener à se manifester toutes les faiblesses qui
existent en son pupille, que sans cela ces faiblesses
tiendraient l'homme enchaîné et l'empêcheraient
d'atteindre la libération, nous suspendons notre jugement et nous poursuivons notre lecture.

Quand ce mensonge eut été prononcé, le chariot
de Yudhishthira s'effondra sur le sol, incapable de se
soutenir plus longtemps, la vérité ayant été violée !
— Tandis que les années passaient, l'amertume du
souvenir de ce mensonge demeura dans la mémoire
de Yudhishthira ; le chagrin d'avoir tué son précepteur
par un mensonge rongeait le cœur du roi ; jamais il ne
s'en remit, jamais il n'en effaça l'impression ; encore
et toujours, l'angoisse l'éveillait en sursaut dans son
sommeil : « J'ai tué mon Gourou. » — Le chagrin et
la honte agirent jusqu'à ce que la douleur eût purifié
cette noble âme des moindres traces de faiblesse; et,
quand le Grand Voyage est accompli, quand femme
et frères sont morts et demeurés derrière lui sur sa

route, il n'a pas un mot de murmure pour protester
contre la mort de ses bien-aimés, il se tient prêt à
monter aux cieux ; une seule créature vivante reste
auprès de lui, le chien qui l'a suivi fidèlement à travers toutes ses pérégrinations après qu'il eut quitté
sa capitale. Alors que ce chien demeure son unique
compagnon, fidèle jusqu'à la mort et confiant dans
l'affection de son maître, un Dieu puissant descend du
ciel et s'approche du roi : « Yudhishthira, ton heure
est venue ; monte dans mon chariot céleste ; sans
quitter ton corps, tu vas pouvoir monter aux cieux :
tu as conquis le droit d'y vivre et d'y régner. » Yudhishthira va-t-il céder à l'invitation du Dieu ? Il répliqua : « Voici ce chien ici : il s'est confié à ma protection, je ne puis le laisser seul, il faut que je le prenne
avec moi. » — Le Dieu répondit : « Il n'y a point
place aux cieux pour les chiens ; les chiens sont impurs ; non certes ils ne sauraient y avoir place. Tu as
laissé derrière toi tes frères défunts et aussi ta femme
quand elle est morte, pourquoi demeurerais-tu maintenant pour ce chien ? » — « Ils sont tous morts, ré-
partit le roi, et pour les morts les vivants ne peuvent
rien, mais cette créature est vivante, elle a cherché
ma protection, je ne l'abandonnerai pas. » — « Allons, dit le Dieu, ne sois pas insensé à ce point, laisse
là ce chien. » — Mais Yudhishthira tient ferme, il était
assez fort pour résister au Dieu et pour se montrer
juste et fidèle envers la pauvre bête qui avait mis en
lui toute son affection ; à moins qu'il ne pût prendre ce
chien avec lui, il voulait demeurer sur la terre et ac-

complir son devoir ! Telle est la leçon qu'il avait tirée
de sa chute, tel est le résultat de l'intervention de
Shri Krishna dans son évolution !

Nous pouvons reconnaître la même opération qui
se poursuit tout au long de la Grande Guerre : suivez
Shrî Krishna à travers les pages du Mahâbhârata et
vous verrez qu'il ne s'écarte jamais de cet unique et
ferme objet, d'amener la Grande Guerre à un terme
prévu où la justice triomphera et où les Kshattriyas
de l'Inde disparaîtront ; Il travaille tout ensemble à
détruire l'injustice et à préparer l'avenir de l'Inde en
abolissant la caste guerrière, mur de fer qui pendant
longtemps avait formé autour d'elle une enceinte pro-
tectrice. Toutes Ses actions ont un but déterminé et,
si vous les étudiez avec soin, vous verrez que Son
objet est immuable. Son œuvre entière d'un bout à
l'autre tend à l'accomplir. Voyez comme il intervient
quand Sa puissance et Sa protection sont indispensables, comme Il essaye de stimuler les Pandavas
dans l'accomplissement de leur devoir et ne prend
leur place que quand ils vont faillir à la tâche.

En voici un exemple : Shrî Krishna a promis qu'il
ne prendra point part au combat ; or, Arjuna hésite
en face de Bhishma et n'a pas le cœur de combattre
contre lui. Vous vous rappelez combien cette lutte
fut cruelle ? Arjuna se sentait incapable de lutter vi-
goureusement contre Bhishma, le plus grand des
hommes et des guerriers, parvenu à la perfection en
Dharma, le grand-père et le précepteur de tous...
« Comment pourrais-je le tuer ? répétait Arjuna ; je

me rappelle le temps où j'étais un enfant, où couvert
de poussière, je grimpais sur ses genoux, et jetant
mes bras autour de son cou, je l'appelais : Père. Il
me répondait : Je suis le père de ton père. Comment
me déciderais-je à le tuer ? » Et vous vous rappelez
que Shrî Krishna Lui-même lui disait de ne pas se
dérober et lui ordonnait *de tuer Bhishma*. La tâche
était dure ; ses souvenirs étaient trop puissants pour
Arjuna ; il luttait, mais seulement en apparence, sans
vigueur, en contenant sa force, jusqu'au moment où
Shrî Krishna vit la nécessité de pousser cet homme à
faire son devoir et à lutter, fût-ce contre son vieux
précepteur lui-même. Il jette les rênes de Ses chevaux, saisit le fouet, saute à bas du chariot et le
fouet à la main, se jette au cœur de la mêlée pour at-
taquer en personne Bhishma. Ah ! que cette vue est
cruelle pour Arjuna ! elle fait appel en lui au Kshattriya, l'émotion fait place au souci du devoir ; il jette
ses bras autour de Shrî Krishna pour le retenir et
s'écrie : « Retire-toi, retire-toi ! guide encore une fois
mon chariot et je ferai mon devoir, fût-ce de tuer
Bhishma. »

Que signifie cela ? Cela signifie que le projet du
Dieu s'accomplira, qu'il se trouve ou non un homme
pour l'accomplir, — que l'évolution se poursuivra
malgré ceux qui hésitent et ceux qui résistent, — que
tandis que l'évolution procède, sous l'impulsion de la
Volonté Divine, le progrès individuel dépend de la
collaboration individuelle avec cette Volonté, — que
Dieu évolue Ses agents en les mettant à Son œuvre,

et que leurs progrès dépendent du degré où ils sont capables de recevoir l'impression qu'il communique.

Je vous citerai un dernier cas pour vous montrer ce que fit Shrî Krishna dans une circonstance où les forces en jeu étaient trop formidables pour qu'Arjuna pût tenir tête, où Il vit qu'Arjuna avec toute la valeur dont il disposait était impuissant à résister et que nul appel, si énergique fût-il, nul stimulant ne pourrait lui donner le moyen de se défendre lui-même.

Un javelot fut lancé qui ne pouvait manquer son but, un javelot céleste dont il avait fait don quand il s'était éveillé de ses mille années de sommeil. Ce javelot était dirigé contre Arjuna, Arjuna ne pouvait l'éviter. Seules de toutes les armes de la terre et du ciel, celle-ci *doit* atteindre son but. Arjuna va donc être tué au milieu du combat! Que faire? Il ne peut couper le javelot avec les flèches de Gandiva, il ne peut se servir contre lui d'aucune des armes puissantes qu'il a reçues des Dieux, car ce javelot est l'arme de l'Être suprême à laquelle rien ne peut résister; alors, au dernier moment, quand le javelot vole et va toucher la poitrine du guerrier, Shrî Krishna se jette au-devant de lui et l'arme, en touchant son sein, reconnaît son maître et se change en une guirlande de fleurs. De même pour le chariot qu'Il conduisait : Shrî Krishna donna à Arjuna l'ordre de descendre le premier, Il lui ordonna de prendre ses armes, Lui-même Il demeura immobile dans le chariot et n'en voulut pas descendre avant qu'Arjuna l'eût quitté ; au moment où Il l'abandonna,

le char tout entier s'embrasa, car, étant Maître du
feu comme de toutes choses, Sa seule présence avait
pu maintenir jusque-là le char dans son intégrité.

Vous voyez, mes frères, combien fructueuse est
l'étude de ce sujet pour ceux qui s'occupent de littérature sacrée; vous voyez comment vous pourrez
l'expliquer à vos coreligionnaires et la défendre
contre les attaques des hommes d'autre croyance.
Pour la défendre, soyez sans rudesse et sans amertume ; pour la défendre, bannissez la colère de
votre esprit, évitez l'indignation qui envenime les
paroles, mais rappelez-vous bien que, quand l'ignorance attaque, le devoir de « ceux qui savent » est
de défendre, que quand l'ignorance s'attaque à ce
qui forme la nourriture spirituelle de millions d'individus, tout homme « qui sait » devrait se lever pour
la défense, de peur que les fidèles peu éclairés de cette
croyance ne s'égarent en voyant les vérités contenues
dans leurs livres sacrés attaquées par des gens qui ne
les comprennent pas.

Ceci sera la conclusion de cette conférence : je
vous demande de vous souvenir dans toutes les circonstances de votre vie que des Dieux vous environnent ; vous ne préparez point de Karma dont ils ne
doivent se souvenir, vous ne murmurez pas un
appel qu'Ils laissent jamais sans réponse. S'il semble
pour un instant que nulle réponse ne vienne, si la
peine que vous redoutiez vous atteint malgré vos
prières, rappelez-vous que la main de l'Amour a permis qu'il en advienne ainsi et qu'en supportant bra-

vement votre peine, vous travaillez vous-même à votre prompte délivrance.

Il vous faudra devenir des hommes dans l'avenir et cesser d'être des enfants, — devenir des hommes à l'image du vivant Ishvara et non plus de petits enfants qu'il doit pour toujours porter dans Ses bras. Il requiert de vous une force virile pour aider les Dieux, Il évolue en vous des agents pour Son futur univers : vous pouvez tarder si vous le voulez, vous pouvez perdre du temps si cela vous plaît; Kalpa après Kalpa, vous pouvez rester aux degrés inférieurs : si tel est votre choix, il n'exercera pas de contrainte sur votre volonté, mais la sagesse consistera de votre part à laisser Sa Volonté agir en vous pour votre prompte et parfaite évolution, de manière que vous ayez la joie d'accomplir cette Volonté dans d'autres mondes, d'être consciemment Ses agents dans d'autres conditions ; car les hommes sont des Dieux en devenir et nous nous préparons à remplir les fonctions des Dieux.

TROISIÈME CONFÉRENCE

TROISIÈME CONFÉRENCE

ÉVOLUTION DE LA VIE

Frères : Nous avons atteint un point de notre étude à partir duquel nous pouvons commencer à suivre l'évolution de la vie dans notre système planétaire : cette évolution a lieu sur les diverses planètes, mais sur tous les globes elle est semblable dans son plan d'ensemble, quoiqu'elle se modifie dans ses détails.

Nous limiterons donc — ou peu s'en faut — notre étude à notre monde particulier et à notre humanité particulière ; à vrai dire, nous serons obligés au début de sortir quelque peu de ces limites, mais, pour la plus grande partie de notre étude, nous nous bornerons à l'évolution de la vie sur notre terre.

Nous cherchons dans cette étude un terrain d'entente qui puisse servir de point de départ à une collaboration intellectuelle des peuples de croyances différentes et dont la pensée s'est formée à des écoles

diverses. Si nous cherchons ce terrain d'entente entre
la Science de l'Orient et celle de l'Occident, si nous
cherchons à comprendre dans la lumière de la religion quelques-uns des mystères de la vie, il est juste
et convenable de nous rappeler que nulle religion n'a
le monopole de la vérité, que quiconque cherche à
dégager la vérité, doit être en mesure d'appuyer ses
assertions sur le témoignage des diverses religions
du monde et de montrer que, sur toutes les grandes
vérités essentielles, fondamentales, toutes tiennent
un même langage, toutes enseignent une leçon identique. Ainsi, en traitant mon sujet ce matin, j'attire-
rai comme précédemment votre attention sur les
points principaux où l'opinion concordante des
grandes religions, où les déclarations bien définies
des Instructeurs du monde peuvent susciter une oppo-
sition, de manière à favoriser parmi nous le développement de la tendance vers l'unité, duquel dépend
l'évolution future de la vie. Nous avons actuellement
des raisons toutes spéciales pour cela, nous verrons
à mesure que nous suivrons l'évolution de la vie, que
nous traversons en ce moment une véritable crise de
l'évolution intellectuelle, que les caractéristiques de
ce stage d'évolution sont la division et la séparation,
la tendance à isoler l'individu des autres individus et
en quelque mesure à le leur opposer pour l'étudier;
nous reconnaîtrons que le stage suivant dans l'évolution de la vie est la recherche de l'union entre les
unités individualisées, que l'aspect prochain du Divin
que l'homme doit développer dans son Soi intime

est l'aspect « d'union » et non l'aspect « diversité ».
Il importe que ceux qui cherchent la lumière, que
ceux qui s'efforcent de collaborer avec la nature par
la connaissance de ses voies secrètes connaissent le
degré prochain de l'évolution avec autant de certitude que le degré actuel ; ils pourront ainsi coopérer
avec la nature en occupant eux-mêmes ce degré et
hâteront de la sorte l'époque où l'humanité entière
pourra faire de même.

En ce qui concerne la conception de la vie, dans
ses relations avec la forme, une transformation s'accomplit en ce moment dans les idées de la Science
occidentale ; je m'arrêterai un instant sur ce point
pour donner corps à cette assertion, car il importe à
notre recherche des moyens propres à concilier les
deux écoles antique et moderne de la Science de noter combien s'est modifiée depuis dix ans la position
prise par les chefs de la Science occidentale dans ce
problème de la vie et de la forme. Je prends comme
une déclaration officielle sur ce sujet de la vie l'article de biologie paru il y a quelques années dans
la dernière édition de l'*Encyclopédie britannique*, et
écrit, comme tous les articles de cet ouvrage, par un
homme éminent dans le monde scientifique. Traitant
de la vie, l'auteur de l'article en question déclare
nettement ceci : « Une masse de protoplasma vivante
est purement et simplement une machine moléculaire d'une grande complexité ; le résultat total de
son fonctionnement, c'est-à-dire les phénomènes vitaux qu'elle présente, dépendent, d'une part, de sa

construction et, d'autre part, de l'énergie qui lui est
départie; en conséquence, entendre par « vitalité »
autre chose que la désignation d'une série d'opérations équivaudrait, à parler de « l'horlogité » d'une
pendule, c'est-à-dire qu'il serait aussi déraison-
nable, aussi insensé de considérer la vie de quelque
manière que ce soit comme le principe commun
d'existence, comme quoi que ce soit de plus qu'une
simple succession de phénomènes liés à un appareil
déterminé de matière que si, considérant une horloge,
on prétendait en séparer la marche du mécanisme
lui-même ! C'est donc là une conception purement
mécanique de la nature, les processus vitaux étant
attribués à l'équilibre instable du protoplasma ; l'enchaînement de ces processus vitaux est déterminé
simplement par des variations d'ordres mécanique
et chimique, l'activité dite « vitale » est donc ainsi
ramenée à un caractère purement mécanique. Or,
à la dernière assemblée de l'Association britannique
le président de la Section de chimie (et la chimie
fut, vous le savez, la science même qui à cet égard
conduisit le monde scientifique vers le matérialisme)
s'est rallié à un point de vue totalement différent,
un point de vue qui ramène la question à la conception qu'en eut la pensée antique et qui oriente les
investigations de la Science occidentale dans une
direction où elle recueillera très probablement les
plus profitables résultats. Le Dʳ Japp, président de
cette Section, compare l'action de la vie à l'action
d'un opérateur qui délibérément travaille en vue d'un

but, qui déploie des connaissances et de la volonté
pour produire un résultat bien défini : « L'opérateur,
dit-il, exerce une action directrice qui est proche
parente, dans ses résultats, de celle de l'organisme
vivant », puis, poursuivant en langage très technique
pour montrer sur quelles bases cette assertion se
fonde, il conclut en ces termes : « Toute explication
purement mécanique du phénomène doit nécessairement échouer : pour moi, je ne vois nul moyen d'échap-
per à cette solution qui s'impose : au moment où la
vie apparut pour la première fois, une force directrice vint simultanément en jeu, une force d'un caractère précisément identique à celle qui permet à l'opérateur intelligent, par l'exercice de sa volonté, de
choisir un énantiomorphe cristallisé et de rejeter son
opposé dissymétrique (1) ! »

Telle est la déclaration : avec l'apparition de la vie,
coïncide une apparition de conscience qui exerce
une action directrice dans la nature, de même qu'elle
exerce une action directrice dans le choix fait par
l'opérateur. Rapprochez ces deux déclarations, voyez
le renversement complet d'attitude qui s'est opéré
et vous pourrez alors apprécier en quelque mesure
la transformation qui s'est faite dans la pensée occidentale dont l'indice est l'identité reconnue de la vie

(1) C'est-à-dire image du premier vue dans une glace et
par conséquent ayant les parties correspondantes symétri-
quement disposées *par rapport au plan spéculaire*, et consti-
tuant ainsi un individu cristallin semblable, mais non super-
posable au premier.

et de la conscience, assertion dont ne s'est jamais
départie la Science vénérable de l'Orient.

Avant d'entrer dans aucun détail, laissez-moi vous
indiquer les grandes lignes du chemin que nous allons parcourir : de l'Existence Une, de l'Être Unique
sans second émane, ainsi que nous l'avons vu dans
la première conférence, Ishvara, Dieu dans son aspect
créateur et manifesté, Ishvara enveloppé dans Mayâ
qui doit fournir les éléments de construction d'un
nouvel univers. Nous avons vu qu'Il est Triple dans
Sa manifestation, Triple dans l'aspect sous lequel Il
Se révèle, de sorte que l'aspect de Dieu manifesté
dans cet univers est une Trimourti ou Trinité; Son
opération nous montrera ce triple caractère, car l'évolution de la vie est triple, qu'on l'étudie dans la nature
ou dans l'homme.

Je sais la pensée qui se présente à beaucoup d'entre
vous qui connaissent les grandes affirmations de la
littérature orientale ; vous songez à la construction,
à la conservation et à la disparition d'un univers et
vous dites : « L'Existence Une est parfaite, infinie,
immuable; l'Univers est parfait à la fin comme il est
parfait au commencement; mais alors, pourquoi
cette longue évolution de la vie avec toutes ses
luttes, avec toutes ses imperfections graduellement
et lentement surmontées? et pourquoi du parfait
faut-il que l'imparfait procède pour retourner, au
terme de son évolution, dans cette perfection même
d'où il provient ? « Cette question est basée sur
un malentendu fondamental, malentendu qu'il est

nécessaire de dissiper et qui n'eût jamais pu se produire parmi vous si vous aviez lu les écritures à la
lumière d'une conscience développée par la Yoga, si
votre pensée avait suivi avec soin les grands traits
de l'idée qu'elles expriment, de manière à en préciser
les points successifs. Vous vous souviendrez qu'il
est écrit dans le Chhandhogyopanishad que l'Être
Unique désira Se multiplier; et, du moment où vous
saisissez l'idée de la multiplication, si vous songez à
ce qu'elle signifie, au lieu de répéter simplement
le mot, vous comprendrez que « multiplication »
signifie nécessairement « division » et par suite
« limitation » et que limitation implique nécessairement « imperfection ». Arrivés à ce point, vous ne
manquerez pas de vous demander : « En quels
termes l'univers est-il décrit et quelle idée se cache
derrière les mots? » et vous verrez que, tandis que
Dieu est représenté comme un Feu, l'Univers est décrit, non pas comme un feu, mais comme une étincelle et les vies humaines comme des millions d'étin-
celles issues du Feu illimité. Or, le mot « étincelle »
n'est pas seulement employé pour figurer la limitation inséparable de la manifestation, il suggère en
outre l'idée que cette étincelle doit être convenable-
ment alimentée et développée ainsi à la ressemblance
de la Flamme d'où elle provient; et, de même que
l'étincelle est de même nature que la flamme, il nous
est dit : « Tu es Cela », le Moi dans l'homme étant
de nature identique à celle du SOI qui lui a donné
naissance. Vous vous rappellerez une autre expres-

sion constamment employée pour décrire tout à la
fois l'Univers dans son ensemble et les parties dont
il se compose, les mots « germe » et « semence ».
Retournons, je vous en prie, à la Bhagavad Gîta, si
familière à tous ceux d'entre vous qui étudient,
écoutons un instant les termes choisis par Shrî
Krishna pour exprimer l'idée de la nature de l'Univers et de ses relations avec l'Être Suprême : que
dit-Il ?

Mama yonir Mahad Brahma tasmin garbham dadâmyaham
Sambhava sarva bhutânâm tato bhavati Bhârata.

c'est-à-dire : « Je place le germe dans le sein de
Mahad Brahma. » Que signifient ces mots ? le sens
tout entier dépend de notre compréhension du mot
« germe ». Mahad Brahma est la matière de l'Univers, vivifiée par Brahman sous son troisième aspect, ce que les Théosophes appellent le troisième
Logos, ce qui dans la Trimûrti est appelé Brahmâ :
considérant Brahman comme l'Être Unique, Mahad
Brahman est le troisième aspect de Sa Révélation
qui vivifie et rend atomique la matière de l'Univers,
la matrice qui reçoit la semence de la Vie Éternelle.
Dans cette matrice, dont la manifestation est l'œuvre
de Brahmâ ou troisième Logos, le second Logos, le
Père générateur, Vishnou, place ce « Germe de Vie »,
afin qu'il puisse s'y développer ; ce « germe » n'est
pas Lui-Même dans la Toute-Puissance de Sa Divinité, ce n'est pas Lui-Même dans la plénitude du
développement de Ses Pouvoirs, c'est la semence de

Sa Vie, capable d'évolution, contenant en Soi toutes choses à l'état latent, mais ne montrant encore rien en manifestation au commencement de l'Univers. Il est vrai que le père renaît dans son enfant, il est vrai que l'enfant est le même que son père et cependant la vie que donne le père n'est que la semence contenant la potentialité de développement : de même l'Univers n'est que la semence de la Divinité, renfermant en elle tous pouvoirs à l'état latent et capable par son évolution de devenir à l'image de l'Être Suprême ; et cependant encore tous les pouvoirs sont en lui à l'état de germe, mais non développés, *potentiels* et non *actuels* : au terme seulement de son évolution, cette semence arrivée à l'âge de son parfait développement reproduira l'image du Père qui l'engendra et donnera aux âges à venir un nouvel Ishvara duquel de nouveaux univers pourront évoluer. Telle est la réponse à cette question de principe : « Pourquoi cette longue évolution ? » C'est cette évolution même que nous nous proposons de suivre maintenant, depuis le germe jusqu'à son terme parfait, l'évolution de la vie donnée à l'état de germe qui doit croître jusqu'aux Dieux.

Jetons tout d'abord un coup d'œil sur la forme matérielle dans laquelle cette vie va s'envelopper : nous n'allons pas l'étudier en détail, — ce sera notre tâche demain, — mais l'envisager simplement *en tant que principe engagé dans l'évolution générale de la matière au moyen de quoi la vie doit trouver son expression.* Nous avons parlé dans notre première conférence des tattvas ; nous avons trouvé qu'ils sont des modifications de Prakriti, la matière primordiale, apparaissant l'une après l'autre à mesure que se construisent les régions de l'univers. Pour notre sujet de ce matin, il suffit de nous rappeler que cinq des tattvas seulement sont en jeu au stage présent de l'évolution, — que le plus élevé des cinq est l'A'kâsha au sens le plus haut du mot, puis viennent Vâyu, Agni, Apas et enfin Prithivî : ces cinq tattvas sont cosmiques, ils représentent de vastes plans de l'univers, mais ils ont également leurs correspondances sur le globe physique, — l'éther, l'air, le feu, l'eau et la terre, qui ne sont que la réflexion, en quelque sorte en miniature, de leurs grands protoypes dans le système en général. La seule donnée dont il soit besoin de nous souvenir en outre pour notre sujet de ce matin, c'est que l'ensemble de ces tattvas est animé par la vie du *troisième aspect de Dieu*. Il est bon de nous arrêter un instant sur ce point : si nous examinons en effet les autres religions, nous constatons que toutes nous font des déclarations *exactement semblables* : ce n'est pas seulement l'hindouisme, ce n'est pas un seul livre tel que le Vishnou Purâna qui nous enseigne que la création divine est issue de Mahat, la troisième manifestation, que ces grands tattvas, émergeant du principe d'individualité qui forme la caractéristique de cet aspect divin, furent évolués par modifications successives : .si nous nous tournons en effet vers les doctrines hébraïques, nous y trouvons expressément

déclaré que « l'Esprit de Dieu », le troisième aspect
ou sagesse, « se mouvait à la surface des eaux ».
« Les eaux » ne sont ici qu'un symbole qui, traduit,
devient « la matière » : les Écritures de toutes les
grandes religions en usent dans cette même accep-
tion ; cette image, « l'Esprit de Dieu se mouvant à la
surface des eaux », représente donc la vie qui flotte,
qui plane à la surface de l'océan de matière primordiale et l'imprègne dans toute sa masse, lui commu-
niquant ainsi la vie qui la rendra propre à recueillir
en tant que matrice une vie plus élevée : l'énergie
divine qui vivifie de la sorte la matière provient de la
troisième personne de la Trinité chrétienne. Cette
doctrine des Hébreux domine le Christianisme entier,
étant donné que les Églises chrétiennes ont reçu de
la tradition hébraïque les parties les plus anciennes
de leurs Écritures : en citant ce qui précède, je cite
donc un texte qui fait autorité non pas seulement
pour les Israélites, mais aussi pour tous les Chrétiens,
engagés qu'ils sont par la doctrine hébraïque qu'ils
ont recueillie.

Je pourrais vous montrer, si le temps me le per-
mettait, que d'autres grands Instructeurs ont parlé
dans le même sens; leur enseignement concordant se
résume en ceci : la matière préparée pour l'évolution — matière dont seront formés les organismes de
ce monde comprenant nos propres corps — est im-
prégnée de la Vie divine et l'aspect sous lequel cette
Vie divine l'imprègne ainsi est l'aspect de la troisième
manifestation de Dieu. Voilà pour quelle raison fon-

damentale Brahmâ cesse d'être adoré, voilà pourquoi
on ne lui élève plus de temples et pourquoi on ne
voit plus des foules d'adorateurs se presser dans ses
sanctuaires : son opération était prépondérante aux
premiers stages de l'univers, mais elle est désormais
dépassée, en quelque sorte éclipsée par celle d'un
autre aspect du Dieu Tout-Puissant, l'aspect de
Vishnou en tant que Préservateur, Soutien et Orga-
nisateur. Vishnou représente la vie active dans tous
les organismes ; et maintenant que la vie a été donnée
aux atomes de matière et partiellement évoluée en
eux, l'œuvre de cet aspect divin se poursuit, mais
cachée, au présent stage, et l'évolution actuelle dans
son ensemble est accomplie et guidée dès à présent
par d'autres aspects de Dieu.

Cette vivification de la matière et sa construction
sont parfois indiquées dans la littérature théosophique
comme l'ouvrage de la première grande *onde vitale*
dans le système solaire ; de même en effet qu'une
vague se déroule, la Vie Divine se propage pour construire les atomes dont le système doit être composé.
Le point critique est celui-ci : au cours de sa quintuple évolution, la vie s'enveloppe d'un nombre croissant de voiles ; il est dit que Prâna se subdivise en
cinq, et en effet il y a cinq types d'atomes, cinq classes
de matériaux distinctes, chaque type enveloppant et
imprégnant le type qui suit, comme nous l'avons vu
dans le Vishnou Purâna au sujet de la construction
des tattvas (il faut bien se souvenir qu'il y a en réalité
sept types, dont deux demeurent encore cachés). Une

conséquence importante résulte de ce qui précède ;
je me propose de la traiter demain, avec plus de
détails, mais en voici l'énoncé : Toute forme, étant
composée de matière qui renferme cachée en elle la
vie involuée, a le pouvoir de se développer jusqu'aux
plus hautes possibilités de la vie qu'elle renferme.
Les enveloppes s'ajoutent aux enveloppes, afin que
toutes, l'une après l'autre, puissent être mises en activité comme véhicules du Moi, — le Moi humain doit
subir ce quintuple enveloppement afin qu'il ait des
véhicules capables de transmettre toute vibration,
soit qu'il l'émette ou la reçoive. — A mesure que le
caractère de ces vibrations devient de plus en plus
subtil, toutes les enveloppes l'une après l'autre entrent
en activité et deviennent capables de répondre aux
vibrations, elles fournissent à la vie la possibilité de
fonctionner extérieurement par leur intermédiaire.

Laissons à demain l'étude détaillée de ce point et
passons à la suivante de ces grandes ondes vitales
dont nous nous occupons aujourd'hui ; c'est la vie
du second aspect de la Divinité, appelé par l'Hindouisme « la vie de Vishnou « et par le Christianisme
« la vie du Fils de Dieu », par qui toutes choses ont
été faites. A mesure que cette vie s'épanche dans
l'univers préparé pour la recevoir, à mesure que cette
vie commence à agglomérer la matière qui, vivifiée
par la première onde vitale, est devenue apte à répondre aux vibrations de la Vie qui organise et qui
conserve, cette Vie Divine émane dans les régions supérieures de l'univers des vibrations qui inaugurent

la tâche consistant à agglomérer la matière pour en
façonner des formes. Au stage primitif, ces formes
sont les antétypes de celles qui apparaîtront ultérieu-
rement au cours de l'évolution, non point des formes
comme celles que nous désignons par ce mot dans le
monde inférieur, non pas des objets concrets susceptibles de donner naissance à des idées concrètes, mais
ce que notre intellect s'essaie faiblement encore à
atteindre quand nous distinguons dans un grand
nombre d'objets concrets leurs qualités caractéristiques communes et quand nous les formulons, abs-
traction faite des objets eux-mêmes. J'ai parfois pris
le triangle comme exemple d'une des idées les plus
simples que la pensée puisse former. Vous pouvez
avoir des triangles de toute dimension et de toute
forme qui sont tous des triangles, pourvu qu'ils soient
formés par l'intersection de trois lignes droites. —
Quelle est la propriété caractéristique des triangles?
La somme des trois angles formés par l'intersection
des trois côtés est égale à deux angles droits. Supposons maintenant que vous possédiez une puissance
cérébrale ou, plus particulièrement, la faculté de l'ab-
straction à un degré suffisant pour pouvoir prendre
dix, vingt, trente triangles concrets, pour les retenir
dans votre intellect avec la même netteté que si vous
les aviez sous les yeux matériellement figurés, pour
créer enfin leurs images mentales, en sorte que chaque
forme soit présente à votre esprit, tandis que vous
dirigez votre attention sur elles toutes à la fois; de
ces multiples objets concrets qui ont pour propriété

caractéristique commune « trois lignes droites qui se
coupent et forment trois angles dont la somme égale
deux angles droits », si vous pouvez extraire l'idée de
leur propriété commune en la séparant de tout triangle concret et si vous êtes capable d'en faire *un objet*
pour votre conscience, vous vous serez élevé du concret à l'abstrait, vous aurez quelque idée de ce qu'on
entend par un « archétype » dans le monde supérieur.
Quand Elle évolue un univers, les opérations primor-
diables de la Divinité sont de cette nature. Elle engendre certains types — ou « archétypes » — et ensuite leur division, leur multiplication forme l'univers
des objets concrets tout entier, chacun de ces archétypes est capable d'engendrer des formes innombrables qui reproduisent ses caractères génériques combinés avec une multitude de propriétés secondaires
diverses.

Il n'est pas dépourvu d'intérêt de constater que
plusieurs hommes de science ont essayé d'atteindre
l'unité par delà la diversité et, dépassant les classifi-
cations scientifiques courantes, de discerner les types
du règne animal au milieu de l'infinie variété des
formes animales. Un des plus célèbres d'entre eux,
Sir Richard Owen, a essayé de déterminer un archétype qui contînt toutes les propriétés fondamentales
caractéristiques des vertébrés, qui, sans être la reproduction d'aucun vertébré en particulier, réunit
tous les attributs communs aux vertébrés en général;
cette tentative était une application de son étude des
vertébrés, application qui consista à éliminer les dif-

férences spécifiques et à synthétiser en une même
forme les propriétés génériques communes à tous les
vertébrés. Dans l'évolution, c'est l'inverse en réalité
qui s'est produit ; l'archétype émanant de l'Intelligence
Divine engendra dans le monde matériel des myria-
des de types différents en chacun desquels il est lui-
même exprimé. La lueur de génie qui a illuminé
l'intelligence de Sir R. Owen est intéressante en ce
qu'elle nous montre, commençant à poindre sur la
science moderne, un rayon de la conception de l'opération créatrice telle que la décrit votre littérature
sacrée ; et, si votre étude est attentive, vous verrez
que les formes primitives sont, non pas des objets
concrets, mais des pouvoirs générateurs, — que ces
pouvoirs, issus de Dieu, façonnent des modèles pour
les types futurs, chaque type étant rattaché à son
antétype, chaque objet concret à son idée abstraite.

Tel était l'enseignement des Grecs, de Pythagore,
de Socrate et de Platon ; — tel était aussi l'enseignement d'un grand nombre d'Hébreux, les docteurs de
la Kabbale en particulier et les philosophes sont
d'accord avec les docteurs hébreux pour déclarer
que le monde visible des objets (1) n'eût jamais pu
prendre naissance si le monde invisible des Idées (2)
ne l'eût précédé, en sorte que les objets répètent
dans leur multitude ce qu'une Idée présente en unité.
Cette Idée émane de Dieu et attire à soi la matière

(1) *Le Quatrième monde*, Assiah.
(2) *Le Troisième monde*, Yetzirah.

subtile, — elle produit ainsi les types des formes qui
devront ensuite atteindre leur achèvement au cours de
l'évolution. Ceux d'entre vous qui ont étudié cet
ouvrage doivent se rappeler que, d'après la *Doctrine
Secrète* de Mme Blavatsky, le monde des archétypes fut créé le premier et que l'évolution tout entière des mondes inférieurs en dépend. Ce monde est
composé d'A'kâsha qui contient en soi, nous dit-on,
la possibilité de toutes formes, et les Idées qu'il
renferme sont reprises et reproduites en plus grand
détail par le Constructeur avec la matière d'Agni qui
correspond à A'kâsha.

La vie entre en évolution par le fait des modifications de conscience déterminées par Ishvara, les
modifications de la conscience d'Ishvara étant anté-
rieures au moulage des formes. A mesure que l'onde
vitale descend à travers des couches de matière de
plus en plus denses, elle l'agrège en formes de plus
en plus distinctes dont la nature augmente de densité
jusqu'à ce qu'enfin, ayant traversé tous les règnes l'un
après l'autre, elle ait atteint les formes minérales,
formes en qui la vie est au plus haut point restreinte
dans son opération et la conscience limitée dans son
étendue. Tel est le processus de l'involution de la vie
dans la matière, l'arc descendant ; — à partir de ce
point, le plus bas de son évolution totale, la vie s'élève
en évoluant sans cesse davantage de ses pouvoirs.
C'est là le point où commence ce à quoi la science
occidentale limite sa notion de l' « évolution », le processus préliminaire étant ignoré ou passé sous silence.

Comment cette Vie et cette Conscience Divines ont-elles évolué dans la vie à l'état de germe le pouvoir de répondre, au cours des premiers stages ascendants de l'évolution ? La vie enclose dans la pierre a le pouvoir de répondre, mais d'une manière extrêmement limitée, en partie à cause de son état de germe, en partie à cause de la rigidité du véhicule qui l'enveloppe : aussi la vie ambiante de Vishnou qui alimente ce germe vient-elle aussitôt le stimuler par des impacts de l'extérieur et modifier graduellement sa rigidité, de manière à rendre le progrès possible. — Longtemps, bien longtemps, la vie demeure emprisonnée dans cette gaine raide, agissant du dedans vers l'extérieur comme agit toute vie, s'exerçant activement sur sa matière et amollissant ainsi sa rigidité, augmentant peu à peu la plasticité de la forme, c'est-à-dire sa faculté de répondre ; en somme nous pouvons résumer le jeu de la vie en ceci : elle reçoit du dehors les vibrations de la matière et leur répond du dedans par les vibrations qu'elle émet. Remarquez combien les chocs sont formidables au cours des premiers stages ! Si vous retournez aux temps où le monde n'abritait pas encore une humanité, vous verrez combien gigantesques étaient les opérations de la nature représentée alors par des formes minérales seulement : tremblements de terre, éruptions, écrasement et broiement de matériaux, désintégration et reconstruction, le tout sur une échelle formidable, vraiment gigantesque, et, sous tous ces phénomènes, la vie cherchant à rendre la

matière plus plastique, plus apte à répondre plus
promptement ; et puisque, partout où il y a vie, il y a
« conscience », c'est-à-dire pouvoir de répondre, ce
pouvoir est développé en elle, stimulé par la vie ambiante d'Ishvara. Ishvara habite intérieurement,
enveloppe et pénètre toutes choses ; sa chaleur nourricière donne à la semence de vie expansion et croissance, et lui permet de devenir enfin un centre indépendant. C'est ainsi que nous voyons la vie enclose
dans la pierre se mettre à vibrer avec plus d'intensité à mesure que se répètent ces chocs formidables
qui lui viennent du dehors : les masses sont précipi-
tées contre les masses, les montagnes s'entassent sur
les montagnes, jusqu'à ce qu'à la fin ces substances
minérales acquièrent un pouvoir plus étendu de
transmettre les impacts à la vie intérieure ; l'impulsion transmise augmente à mesure que décroît la
résistance opposée par la forme ; la vie commence
dès lors à répondre plus activement, elle entre en
évolution et développe d'une manière mieux déterminée le pouvoir de répondre. Tandis que ce processus se répète et se répète encore, la vie confinée
dans les minéraux commence à vibrer avec une rapidité croissante, la matière y participe avec une faci-
lité qui va sans cesse en augmentant, jusqu'à ce
qu'elle ait atteint un degré tel de plasticité que le
règne végétal puisse prendre naissance et apparaître
dans ses plus élémentaires spécimens. Dans les espèces inférieures, la science ne peut tracer de ligne
bien définie qui sépare les plantes des minéraux :

l'absence de démarcations bien définies dans la
nature est même un fait si général qu'on a reconnu
un règne distinct renfermant tout à la fois les types
inférieurs de végétaux et d'animaux, et qu'entre les
règnes minéral et végétal on a aménagé une classe
mixte dans laquelle le cristal rigide, qui appartient
au monde minéral, est devenu le cristalloïde plastique, qui rentre dans le règne végétal, qui conserve
l'aspect extérieur de la forme minérale, mais qui
présente en même temps la plasticité du végétal et
qui par là se prête beaucoup plus aisément à l'influence de la vie interne, tendant à la façonner : la
vie, confinée dans cette matière plus plastique, reçoit
plus facilement les vibrations de l'extérieur et répond
avec plus d'intensité jusqu'à ce qu'un moment vienne,
au cours de cette ascension qui débute, où elle manifeste les premiers rudiments de la faculté de conscience qui était absente dans le minéral; nous les
appelons « sensation », le pouvoir d'éprouver le plaisir
et la peine, le pouvoir de répondre à l'impression
venant de l'extérieur par une sensation de la vie
interne.

Après que la vie a développé durant le stage
minéral le pouvoir de répondre, le stage suivant de
l'évolution commence et dès lors la réponse comporte
les sensations de plaisir et de peine qui apparaissent
comme les expressions distinctes par lesquelles la vie
répond aux impressions harmonieuses ou discordantes de l'extérieur, quand la vie commence à
développer le pouvoir de la sensation ou « irritabi-

lité », le progrès s'accélère, le règne animal s'édifie graduellement, — l'irritabilité, sa grande caractéristique se développe de plus en plus, — jusqu'à ce que les formes animales ayant acquis la plasticité au cours des âges sous l'impulsion de la vie, la vie ayant manifesté et développé le pouvoir de répondre par le plaisir et la peine aux vibrations harmonieuses ou discordantes, — le stage suivant puisse à son tour être atteint, à savoir l'édification du *véhicule humain*.

Par sa nature, par certaines de ses caractéristiques fondamentales, le corps physique dans lequel l'homme habite ressemble exactement aux corps d'animaux que la vie avait vivifiés avant que l'homme n'existât. « L'Éternel Dieu avait formé l'homme de la poussière du sol », disent les Écritures hébraïques, — c'est une manière symbolique de dire que les mêmes matériaux qui composaient les formes inférieures de vie furent également employés pour façonner l'enveloppe extérieure de ce *vaisseau* destiné à recevoir le nouvel afflux de vie divine qui forma le Soi humain ou Esprit. — L'étude de l'occultisme nous enseigne que ce troisième afflux de vie divine ne provient ni du troisième, ni du deuxième, mais du premier Logos appelé pour cette raison Mahadêva, le grand Dieu, l'Être Suprême ; c'est de Lui que vient la troisième impulsion qui doit achever l'évolution, la troisième effusion de vie qui à notre époque ne peut accomplir son évolution finale que par les méthodes de la Yoga : aussi Mahadêva, est-il souvent représenté comme le grand Yogî, le grand Gourou, dont la haute direction est indispensable pour atteindre le degré suprême de l'évolution.

Quand le troisième afflux de force vitale descend, quand le Moi humain est projeté dans le tabernacle qu'il doit occuper, le processus précédemment étudié se répète à nouveau : c'est le germe seulement de la vie supérieure qui est donné, et non cette vie à son état de complet développement. Elle est enveloppée de véhicules aptes à *répondre*; elle est enveloppée de véhicules capables d'un plus haut développement encore, capables déjà d'exprimer, par des vibrations, les sensations qui s'éveillent dans la vie qu'ils enclosent, — et désormais, ce germe du Moi Divin, environné par la vie de Vishnou, commence à frémir et à vivre en tant qu'homme.

Au début, c'est à peine s'il répond aux impacts de la vie extérieure : mais quelles sont les caractéristiques de ce Moi-enfant ? de cette étincelle du Feu éternel ? Dans l'homme, comme en Dieu Lui-même, la vie se présente sous un triple aspect : en Brahman nous appelons ces trois aspects : *Sat, Chit* et *A'nanda*; or, si nous analysons le Moi humain, nous y rencontrerons ces trois mêmes aspects également présents : le premier qui se développe, dans l'homme comme dans le Kosmos, est *Chit*, la Connaissance : l'évolution de l'intelligence intéresse tous les premiers stages de l'évolution humaine, c'est la tâche présente au point où nous en sommes du grand pèlerinage : nous évoluons l'intelligence, l'intellect, et, si nous le suivons dans ses stages de développement, depuis

l'époque où, simple germe, il ne faisait qu'apparaître
dans les races primitives de l'humanité de notre globe
où les grands Êtres venus des autres mondes vers
nous en qualités d'Instructeurs protégeaient son éclo-
sion, nous constaterons que l'intellect naissant dans
l'homme ne répondait que bien faiblement aux impressions de l'extérieur et que l'intelligence ne faisait
au début nul effort sans être stimulée par l'incitation
de la nature animale, par l'aiguillon du désir, par les
passions qui appartiennent à la partie animale de
son être. Considérez un sauvage : quand est-il actif?
quand quelque désir animal s'éveille en lui et seulement alors : s'il a faim, oui, sans doute il commence
à penser : « Où pourrai-je bien trouver de la nourriture? » — S'il a soif, il se demandera : « Où vais-je
trouver à boire ? » Que sa nature animale vienne à
l'inciter et l'intelligence qui point en lui s'applique
aussitôt à le satisfaire ; toute incitation du désir
animal joue le rôle d'un stimulant sur cet intellect en
germe. A ce stage, il ne connaît d'ailleurs ni bien, ni
mal; bien et mal n'existent pas pour lui : la faim, la
soif, le désir sexuel, le sommeil, voilà tout ce qui remplit sa vie, tout ce qui émeut sa conscience naissante :
ces excitants sont seuls assez puissants pour la contrainte à l'activité, mais elle est encore incapable
d'une activité spontanée dont l'origine soit tout interne. Tandis que ces excitants s'exercent sur la conscience de vie en vie, d'incarnation en incarnation, de
siècle en siècle, au cours des naissances successives
de cette Vie, germe encore frêle, mais qui croît sans

cesse, — tandis que ces vibrations excitent continuellement et éveillent la vie de l'intelligence, troisième aspect du Moi, ces vibrations, répétées des milliers et des milliers de fois, produisent par le fait
même de leur répétition une tendance interne à les
répéter sans l'intervention du stimulant extérieur :
nous en voyons la preuve dans le sauvage parvenu au
stage suivant de l'évolution intellectuelle : il n'attend
pas la faim pour se mettre en quête de nourriture : la
souvenance de la faim et de la nourriture suffit
pour qu'il parte, avant d'éprouver aucune faim, à la
recherche des aliments qui demain lui seront nécessaires pour satisfaire les besoins de son corps. Si minime qu'elle paraisse, quelle transformation profonde
c'est là pourtant, à la bien considérer ! Cet homme
est stimulé, non plus seulement par des impulsions
venues de sa nature animale, mais par une image
mentale, par une image qui représente, en les rappro-
chant, l'état pénible du corps qui réclame sa nourriture et l'aliment qui transforme cet état en un état de
satisfaction : en un mot, il est maintenant apte à former des images mentales qui, à leur tour, suffisent à
le déterminer à l'activité. Quel changement ! ce n'est
rien moins que le déplacement de son centre de conscience transporté de l'animal dans l'homme, une des
transformations les plus significatives dans l'évolution de la vie : désormais il n'attend plus pour agir
la poussée du dehors ; l'origine de son activité est intérieure ; au lieu de l'impact qui venait de dehors
jusqu'au centre, le corps obéit à l'impulsion issue du

centre. Dès lors l'évolution s'accélère, car l'intellect commence à se connaître soi-même ; la Soi-Conscience s'éveille aussitôt que s'est accompli ce grand changement, l'un des plus difficiles qui soient : l'être distingue son Soi, centre qui pense, des objets extérieurs, objets de sa pensée : la conception du « Moi » et du « Non-Moi » s'éveille, le centre commence à se former et à devenir capable de développement.

Comment ce développement progressera-t-il ? Par le conflit. C'est la caractéristique en effet de l'intellect. Il lui appartient de faire du Moi un centre puissant, un centre *séparé*, sinon toute évolution ultérieure deviendrait impossible. Un tel progrès vous semble peut-être rétrograde, mais il ne l'est nullement : ce Moi est le germe d'un nouveau centre de vie où la Divinité elle-même se développera quand l'évolution sera complète : il faut qu'il devienne un centre de conscience nettement défini ou sinon comment pourrait-il progresser vers la perfection ? C'est par la lutte que ce centre peut s'accroître. La force dans toutes ses manifestations s'acquiert par la lutte, par un exercice approprié : si vous voulez des bras vigoureux, il ne vous servira de rien de vous étendre sur un sofa et d'attendre que vos muscles se fortifient par le seul effet de la nourriture que vous leur donnez ; ils demandent plus que la nourriture, il leur faut de l'exercice : c'est une des lois du développement de toutes les formes, il faut qu'elles aspirent activement la vie pour pouvoir s'étendre et devenir capables de recevoir une impulsion vitale

nouvelle : pour qu'un muscle se développe, les cellules qui le composent doivent se distendre par
l'exercice, la vie doit affluer ensuite dans les cellules
élargies et, alors seulement, ces cellules deviennent
susceptibles de se multiplier, de telle sorte que plusieurs cellules apparaissent là où il s'en trouvait seulement une précédemment. La différence entre
l'homme faible et l'homme fort, entre le malingre et
l'athlète est le résultat produit par l'exercice et la
lutte en surmontant les résistances, en soulevant des
poids, en les faisant tournoyer, — en un mot, en impo-
sant aux muscles la lutte contre la résistance de leur
pesanteur. Cette image donne une idée du mode d'action de la vie pour le développement des formes ; l'impulsion de la vie procure à la forme l'exercice indispensable ; l'exercice rend la forme plastique, il
l'accroît et lui permet ainsi de recevoir plus abon-
damment l'afflux de la vie. Cette notion est aussi
vraie pour le monde mental que pour le monde physique, car l'un et l'autre sont des mondes de phénomènes ; le monde mental n'est pas le monde de l'Unité,
sa caractéristique est la diversité : chaque être existe
isolément par soi-même, envisageant les autres
comme distincts de lui. Je prends connaissance d'un
objet. Comment ? Par ses différences avec certains
objets et sa similitude avec d'autres : sans ces deux
éléments de comparaison, je ne pourrais le connaître.
Vous ne sauriez concevoir l'unité avant d'avoir vu la
variété ; vous ne pouvez reconnaître la similitude, si
vous n'avez aperçu la dissemblance. Le fait caracté-

ristique de l'évolution intellectuelle est le discerne-
ment des différences spécifiques suivi de la recon-
naissance des ressemblances génériques : c'est ainsi
que l'intellect reconnaît un objet après l'autre, notant
pour chacun ses traits caractéristiques. L'analyse
précède la synthèse; l'esprit saisit les différences avant
de reconnaître l'unité profonde qu'elles dissimulent. A
mesure que cette intelligence se développe, nous
constatons que la distinction du Moi et du Non-Moi
suscite la lutte universelle, lutte sociale aussi bien que
lutte mentale. Dans toute race où l'intellect commence à dépasser les stages primitifs, la lutte contre
l'extérieur est indispensable pour stimuler l'évolution interne, c'est un stage nécessaire quoique passa-
ger ; il ne faut pas nous en désoler, nous qui voyons
sa fin et qui savons le monde guidé par les Dieux.
Chacun des stages que traverse une nation est nécessaire à son développement : nul ne devrait le condamner pour le seul fait qu'il constitue une condition
limitée, imparfaite : dans la politique pratique, de
telles condamnations sont utiles en tant qu'elles sti-
mulent, qu'elles préparent les transformations évolu-
tives, mais le philosophe doit chercher à comprendre
et, comprenant, il ne saurait juger. La lutte la plus
effroyable que nous puissions voir, la plus terrible
pauvreté, la plus cruelle misère, la lutte homme contre
homme et nation contre nation, ce sont là autant
d'agents du plan divin qui nous mènent à une plus
riche unité que nous n'eussions jamais pu atteindre
sans eux.

Prenons pour exemple la plus désolante en apparence de ces calamités, la guerre. Quoi de plus inhu-
main, de plus brutal et de plus horrible que la
guerre qui excite les passions les plus forcenées de
l'homme et le rend pareil à une bête féroce? Soit,
mais est-ce bien là tout? Examinons la vie intérieure
d'un soldat évoluée par la terrible discipline extérieure du métier militaire : cette *vie*, qu'apprend-
elle, tandis que ses véhicules sont exposés aux
luttes, à l'effusion du sang, à la mutilation et à la
mort? Elle apprend des leçons qu'elle n'eût jamais
apprises sans cette dure expérience, des leçons sans
lesquelles son évolution eût été contrariée ou empê-
chée de se poursuivre; elle apprend qu'il est quelque
chose de plus grand que le corps, quelque chose de
plus grand que l'existence physique, quelque chose
de plus haut, de plus noble et de plus impérieux que
le souci de préserver le véhicule physique de toute
atteinte et même de la mort. Et le plus pauvre soldat
qui part en campagne et qui passe d'une souffrance à
l'autre, qui subit tour à tour le froid glacial et l'ac-
cablante chaleur, qui plonge dans une rivière glacée
ou qui s'exténue dans les sables du désert, qui apprend à observer pourtant une exacte discipline au
milieu de toutes ces épreuves, à garder sa bonne
humeur au milieu de toutes les privations pour ne
pas déprimer le moral de ses camarades, qui, insen-
sible à l'idée des souffrances physiques, s'enflamme
à la pensée du renom glorieux de son régiment et
de la défense du pays qu'il sert, cet homme qui ap-

prend de la sorte à se sacrifier à un idéal développe
ainsi des qualités d'un prix inestimable pour ses incarnations futures. Est-il besoin de développer ce
point pour vous qui connaissez la place du Kshattriya dans l'évolution humaine ? Quand Il décrivait
les différentes castes, *Manu* en indiqua-t-il une seule
qui n'eût sa place dans l'évolution de la vie, qui n'eût
rien à enseigner ? N'a-t-il pas enseigné que l'homme
revient habiter un corps de Kshattriya jusqu'à ce
qu'il ait appris que sa vie est indépendante du corps,
que sa vie doit être mise au service d'un idéal, au
service de la mère-patrie qui lui a donné naissance,
au service du roi qui le régit et qui représente à ses
yeux ce qu'un roi devrait représenter aux yeux de
tout Hindou, un avatar de Dieu : nourri de ces enseignements, l'homme apprenait jadis que quand son roi
l'appelait au combat, il devait sans hésitation exposer
son corps à la mutilation, à la mort même, parce que
dans son for intérieur il reconnaissait dans le service
d'un idéal le moyen d'évoluer la vie réelle et il voyait
dans le corps un simple vêtement qu'il faut abandonner quand le devoir l'exige. Nul ne pouvait être
Brahmane sans cet enseignement préliminaire, nul ne
pouvait pénétrer dans la caste des Brahmanes sans
avoir au préalable subi cette discipline dans les
rangs des Kshattriyas : en effet, avant d'avoir appris
que la vie est tout et la forme rien (et c'est la leçon
qu'enseigne la guerre quand elle est vraiment comprise), avant d'avoir reçu cet enseignement, nul
n'était suffisamment préparé pour un degré d'évolu-

tion de la vie incomparablement plus dur encore,
pour cette évolution qui consiste à saisir l'unité
sous la diversité, l'amour sous l'antagonisme, à être
ami de toute créature et hostile envers aucune.

Quand l'intelligence a atteint un degré de développement passablement élevé, les germes de l'aspect
suivant de la Divinité commencent à poindre dans
l'homme ; cet aspect est A'nanda, Joie ou Béatitude !
En quoi consiste réellement A'nanda ? A'nanda
désigne le rapprochement des objets séparés et leur
réunion en *UN*; et c'est l'essence même de la Béatitude, le cœur et l'âme du stage suivant. A'nanda est
ce qu'aux jours anciens de l'Hindouisme on appelait
la vie du Brahmane, quand ceux qui portaient ce titre
étaient véritablement des Brahmanes à qui la roue
des morts et des renaissances ne réservait plus aucune
réincarnation. Dans la symbologie chrétienne, le
même stage est appelé le stage du Christ le stage de
la Filiation Divine, et vous verrez en effet que, dans une
de ses grandes prières, Jésus appelé Christ priant pour
Ses disciples demandait « qu'ils soient Un en Moi »,
en union les uns avec les autres et avec Lui-Même.
Il y a une unité plus haute encore, l'unité du Fils
avec le Père, unité de nature et non pas union d'éléments précédemment séparés, mais, pour que cette
unité lui devienne accessible, l'homme doit d'abord
avoir bien compris son union avec les hommes ses
frères, l'humanité doit lui être apparue comme un
tout uni, au lieu de fragments éparpillés : en un mot,
il doit avoir transporté le centre de sa conscience, —

qui répond aux impacts de l'extérieur, —l'avoir trans-
posé des véhicules où l'intellect et les sensations ont
été développés dans la vie elle-même, qui est une et
identique dans tous. Il faut qu'il cesse désormais de
se concevoir comme séparé, puisque son « Moi », la
personnalité distincte en lui, doit être surpassée,
immergée dans l'aspect unifiant de Dieu, Vishnou ou
le Christ : cet aspect doit être développé au point de
devenir la vie même de l'homme, avec toute sa merveilleuse beauté, sa puissance et sa force unifiante.
C'est pourquoi Shrî Krishna vint comme avatar dans
le monde oriental pour manifester la vie d'Amour,
car la vie d'A'nanda ou de Béatitude est toujours la
vie de l'Amour et c'est par l'Amour seul que nous pouvons l'évoluer en nous-mêmes. L'aspect de Dieu, qui
est Béatitude se manifeste en tant qu'Amour et, dans
ses paroles comme dans ses actions, dans ses simi-
litudes et dans ses paraboles, le Bien-Aimé, l'Ami de
l'homme a révélé cet aspect divin au cœur de Ses
Bhaktas avides de le recevoir. C'était spécialement
Son œuvre de manifester l'amour tout-puissant de
Dieu : il faut qu'il soit développé en nous pour que
la vie puisse entreprendre le développement sublime
qui réunit tous les « Moi » dans le «MOI » Unique et
qui aperçoit toute vie en Lui.

A ce stage de l'évolution, le « Moi » se connaît en
tant que « la Vie », il n'est plus victime de l'ignorance
qui le faisait s'identifier avec sa Forme : c'est désormais la vie qui se connaît en tant que la *Vie*. Quand
la vie en cours d'évolution atteint ce degré, l'homme,

autrefois séparé, devient « l'Humanité », il est désormais un des Sauveurs du monde : rien ne lui est
étranger, rien n'est séparé de lui : il demeure dans la
Vie même et répand sa lumière dans toutes les directions, dans tout Upâdhi (vaisseau) qui peut avoir
besoin d'elle : ses pouvoirs affluent aussitôt partout
où son aide est désirée ou invoquée. Comme le soleil
resplendit aux cieux et peut illuminer des millions
de demeures, pourvu qu'elles s'ouvrent et donnent
accès aux rayons qu'il prodigue inépuisablement, tel
est l'homme qui est devenu le second aspect de la
Divinité, en qui est révélée la perfection de la Filiation Divine. L'Homme qui est devenu Fils du Dieu
du Ciel est au-dessus de toutes les distinctions qui
se rencontrent sur Terre, Il emplit de Son rayonnement les cœurs qui aspirent vers Lui ; la seule condition pour qu'Il daigne le faire, la seule chose qui
assure Sa venue, c'est que Son frère Lui ouvre son
cœur pour Le recevoir, car Il ne veut pas Se frayer
Son chemin de vive force, Il ne veut venir que là où
il est le bienvenu. Ainsi cet aspect supérieur de la
vie de Dieu se manifeste dans l'homme qui est devenu
le Sauveur, le Fils, l'Initié, comme un amour plein
d'une profonde compassion pour tous les êtres ;
chaque homme qui atteint ce stage constitue une
force nouvelle appliquée à élever l'humanité,
chaque homme qui développe en lui cet aspect
de la vie est une aile qui s'ajoute à toutes celles qui
font tendre l'évolution plus haut. Si un homme est
faible, Sa vie peut aller à lui pour le fortifier ; si un

homme est dans la peine, Sa vie peut aller à lui pour lui donner la joie ; si un homme est pécheur, Sa vie peut aller à lui pour le purifier. Il dit à tous les hommes :

« Partout où se trouve un homme, J'irai au-devant de lui et Je l'accueillerai. »

Tel est Shrî Krishna en manifestation, tel est l'amour qui rayonne de l'aspect de Béatitude du Moi humain.

Il ne reste plus qu'un degré d'évolution, le dernier, à franchir pour cette vie dont le perfectionnement est désormais rapide. Je reprends mon symbole chrétien et je hasarde à nouveau ma citation... « Qu'ils soient en Nous, comme Toi, Père, Tu es en Moi, et Moi en Toi. » Le Fils devient en fait ce qu'Il a toujours été potentiellement « un avec le Père ». Il entre dans le royaume sublime de l'Être en Soi où Dieu, suivant l'expression chrétienne, est « tout en tout »: prenez garde que les formes étroites sous lesquelles le christianisme peut vous être présenté ici-même ne vous cèlent l'identité fondamentale d'un christianisme plus profond et plus spirituel avec la religion antique de votre race (1). — Est-ce que ces petitesses

(1) Nous lisons dans *le Matin* du 14 août 1901, *Tolstoï et les Hindous.* — « Léon Tolstoï vient de communiquer à la presse russe le contenu d'une lettre d'un Hindou. D'après cet écrit fort intéressant, les Hindous trouvent beaucoup d'analogies entre leur façon d'envisager le monde et celle de Tolstoï. Ce qui, cependant, à côté des idées principales du grand écrivain, les intéresse le plus, c'est « sa diagnose du mal dont souffre l'Europe au point de vue social et po-

ou même des divergences extérieures sépareront
ceux que l'Esprit vivant voudrait réunir ?

Nous apprenons dans les Écritures hindoues
qu'après avoir atteint le second stage, l'homme progresse au moyen de la Yoga, jusqu'à ce qu'il atteigne
le dernier et devienne un avec la Divinité, dans la
Toute-Puissance de l'Être en Soi Éternel. C'est parce
qu'il connaissait cette vérité occulte trop généralement ignorée que votre compatriote Svâmi T. Subba
Rao parlait, comme je vous l'ai rappelé précédemment, des innombrables Centres ou Logoï contenus
dans l'Être Unique, Centres dont chacun pourrait
être l'origine d'un nouvel univers, d'une nouvelle

litique, ce mal siégeant tout entier dans la contradiction
entre les actions de la vie privée et publique et les principes de la doctrine chrétienne. Non seulement l'Europe
souffre de ce mal, mais aussi tous les pays en contact avec
la civilisation européenne. Les Hindous saluent avec en-
thousiasme la noble et vigoureuse action de Tolstoï dans
le but de revivifier la vraie morale chrétienne, car les Hindous instruits en savent beaucoup plus long sur le vrai
christianisme que les missionnaires.

« Le correspondant de Tolstoï ajoute que les Hindous
ne croient pas aux succès d'une implantation artificielle de
la civilisation dans l'Inde, mais qu'ils espèrent qu'un temps
viendra où la seule force ne sera plus le moment décisif
dans la vie des nations, et qu'alors sur la base du vrai
christianisme, une coopération pacifique des Hindous avec
les Européens se réalisera. « La vraie doctrine du Christ
ne diffère en rien de la foi et de la philosophie des Hindous. Un vrai chrétien, à beaucoup de points de vue, est
un Hindou, et un vrai Hindou est dans son être psychique
un chrétien. C'est l'opinion de tous les Hindous instruits. »

« Ce qui est intéressant, c'est que Tolstoï approuve
pleinement les vues de son admirateur oriental. »

effusion de vie. La construction de ces centres est un des buts de l'évolution de la vie; leur construction progressive, degré par degré, s'effectue à mesure que la vie passe de forme en forme, et il n'y a pas de fin, il n'y en aura jamais, dans le déroulement infini des séries à venir. Nous ne saurions dire ce que cette vie tient en réserve pour nous : comment pourrions-nous imaginer ces lointaines contrées, un but si reculé ? Mais ce que nous savons, le voici : la Volonté de l'Éternel ne saurait être déjouée, nul de Ses desseins n'avorte, ni ne manque son but ; — certes, nos faibles yeux sont aveuglés par l'éblouissante clarté au milieu de laquelle nous apparaît notre unité avec le Père Éternel, cette unité qui surpasse tous nos rêves : mais quand nous connaîtrons que nous sommes un avec Lui, il nous suffira de savoir qu'à son terme l'évolution de toutes vies les mène à cette inconcevable splendeur, connue d'Ishvara Seul qui épanche Sa vie afin que nous puissions la connaître nous aussi ! Et Mahadéva retournera à lui avec tous les centres auxquels Sa vie a donné naissance, avec toutes les vies nouvelles, toutes les joies produites par Son confinement dans Son Univers, et cela suffit à nous donner l'espérance, — l'espérance ? quel trop faible mot ! — la joie inexprimable et la certitude fondées sur la Vie même de Dieu; n'est-il pas en effet la Vérité, la Fondation de l'univers? et, quand nous entrerons dans Sat, nous connaîtrons le futur comme nous voyons le passé, car nous serons non pas seulement immortels, mais Éternels !

QUATRIÈME CONFÉRENCE

QUATRIÈME CONFÉRENCE

ÉVOLUTION DE LA FORME

Frères: Nous allons tourner maintenant notre attention vers le côté phénoménal de l'univers, c'est-à-dire vers l'ensemble d'apparences variées, visibles ou non pour l'œil physique, qui nous environnent, car nous devons nous souvenir qu'en principe, les formes se retrouvent à tous les stages de l'univers manifesté et que, quand on emploie cette expression « le monde sans formes », le qualificatif « sans formes », est exact, mais seulement par rapport aux mondes inférieurs à celui auquel il s'applique. Tous les mondes supérieurs sont en effet « sans formes » quand ils sont regardés d'en bas, c'est-à-dire avec les organes appropriés à la perception dans les mondes inférieurs ; mais, pour quiconque a développé en soi la faculté de répondre aux vibrations de *tous* les mondes de manifestation, chacun de ceux-ci apparaît comme peuplé de formes

et non pas comme dépourvu de formes. Partout « manifestation » implique forme, quelque subtile que soit la
matière dont elle se compose d'ailleurs ; vous devez
vous rappeler ce que dit le Vishnou Purâna : « La caractéristique unique, toujours présente, de la matière
est l'extensibilité, c'est-à-dire la capacité de prendre
forme, de se fixer suivant un contour déterminé. »

Avant que nous entrions dans les détails de l'évolution, je vous demanderai de garder présents à l'esprit un ou deux grands principes indispensables, car
nous ne parviendrons jamais à nous orienter au milieu de la complexité des détails, si nous les envi-
sageons comme une série de détails isolés : il est
nécessaire de les répartir entre un certain nombre de
principes fondamentaux et ensuite, quand ces principes seront clairement arrêtés dans notre esprit,
nous pourrons aisément rapporter, en quelque sorte,
par la pensée chaque détail dans sa case propre.

Nous n'aurons aucunement à revenir ce matin sur
la triple division de la vie en cours d'évolution, le
sujet si complexe que j'ai traité hier. Pour notre
tâche présente, nous pouvons considérer la vie comme
une unité, appeler la Vie Divine « Ishvara » — et la
réflexion de cette Vie dans l'homme, le « Moi ».
Nous nous en tiendrons donc à ces deux termes
pour éviter toute confusion : « Ishvara » pour la Vie
Divine, source de l'évolution ; et « Moi » pour la vie
humaine, qui graduellement évolue. Sans reprendre
aucune des subdivisions que nous avons eues à examiner hier à propos de la vie, la distinction de ces

deux termes nous est toutefois indispensable, afin de voir comment les formes sont moulées et, si je puis dire, à quel principe nous devons reporter leurs modifications spéciales.

La seconde idée dont nous devons nous pénétrer est la distinction des fonctions respectives de ces sources de vie : l'une, agissant à travers la totalité du Kosmos et par suite atteignant l'homme comme part de ce Kosmos; l'autre, agissant dans l'homme en tant qu'individu, au cours des premiers stages, puis dépassant à la fin l'individualité.

La vie grandiose d'Ishvara, quand elle s'épanche pour édifier l'univers des formes, s'exprime, comme nous l'avons vu, par une certaine série de vibrations, et chaque modification d'une forme est le résultat d'une impulsion transmise, au moyen de vibrations, par la vie qui intérieurement la vivifie. Ce qui nous frappe le plus dans cette manifestation d'Ishvara, c'est l'indicible patience qui y préside : nous sommes impatients de voir les effets ; Lui, jamais. Nous sommes impatients de voir les effets, parce que, limités par le temps, nous désirons ardemment assister au résultat de nos actions; Lui, qui est Éternel, est ineffablement patient : Il s'attache à obtenir la perfection, indifférent à la durée du temps qu'elle prendra à évoluer ! Cette patience est absolument nécessaire pour l'évolution des formes : si nous y réfléchissons bien, nous voyons que toute impatience dans l'évolution des formes entraînerait leur rupture prématurée; la forme est relativement rigide en effet,

en comparaison avec la vie ; si la vie vibre avec une
trop grande rapidité pour la forme qu'elle a tâche
d'évoluer, celle-ci volera en éclats sous l'effort de
ces vibrations. Laissez-moi vous donner un exemple
très ordinaire pour vous montrer ce que je veux dire :
un tube de verre, un simple verre de lampe, si vous
voulez, vibre en donnant une certaine note ; si cette
même note est produite à proximité du verre de lampe,
vous entendrez résonner à la fois la note émise indépendamment du verre et cette même note reproduite
par le verre ; possédant en lui la propriété de donner
la même vibration, le verre a vibré en réponse aux
vibrations du son émis et a reproduit la même note.
Si vous augmentez l'intensité de cette note, si, repro-
duisant les mêmes vibrations avec une force croissante, vous dépassez les limites dans lesquelles le
verre peut répondre, votre verre éclatera en pièces,
brisé par l'effort qu'il a fait pour répondre aux
vibrations au delà de sa limite d'élasticité.

Ce n'est là qu'une simple image, mais elle n'est pas
moins exacte pour chacun des mondes de formes.
Si Ishvara émettait des vibrations trop rapides ou
trop subtiles pour que les formes qu'Il vivifie puissent y répondre, ces formes seraient mises en pièces
et leur évolution serait interrompue : il faudrait
alors que la nature recommence à construire des
formes similaires, pour atteindre de nouveau le point
qu'elle avait déjà atteint précédemment. Cette
patience d'Ishvara est la première chose qui nous
frappe, quand nous étudions l'évolution des formes.

Combien les changements sont lents et les modifications graduelles ! combien de milliers de formes sont
successivement assumées pour mener à bien l'évolution de chaque vie ! De l'une à l'autre, quels changements infimes, presque imperceptibles, bien que
si considérables cependant, quand on les envisage
en masse ! — C'est là le premier principe à retenir.

Un autre principe important est l'action double,
l'action parallèle d'Ishvara et du Moi qui évolue.
Ishvara est présent dans le Moi de l'homme qui est
formé en Lui ; dans les stages primitifs, chaque
impulsion évolutive provient directement de la vie
d'Ishvara et, à mesure qu'Il façonne extérieurement
la forme, Il fortifie graduellement le centre qu'Il
édifie à l'intérieur. Son but est de faire ce centre à
Son image, de l'amener à se suffire à soi-même,
mais il faut d'énormes périodes de temps pour cette
construction. A mesure qu'Il façonne les formes, Il
édifie le centre ; à mesure qu'Il l'édifie, à mesure que
ce centre devient de plus en plus actif et apte à
répondre aux vibrations qu'Il lui transmet du monde
extérieur, il commence à manifester quelque peu
d'activité de lui-même et à émettre les vibrations
pour son propre compte, si je puis dire. Plus cette
double action s'exerce dans la forme, plus ce centre
en voie d'évolution augmente son contrôle sur la
forme dans laquelle il évolue. A mesure que ce pouvoir de contrôle se développe et croît, Il retire de
plus en plus l'énergie directrice qu'Il imprimait
en tant qu'Ishvara : l'énergie puisée en Lui com-

mence dès lors à agir quasi indépendamment dans le
centre séparé qu'il a construit, jusqu'à ce que ce
centre Le reflète Lui-Même à la fin et atteigne l'existence en soi par la vie même qu'il a tirée de Lui.

Si cette conception est quelque peu abstraite, laissez-moi vous la présenter à nouveau sous une forme
concrète ; il est un symbole que les sages ont continuellement repris pour exprimer cette merveille, la
vie maternelle d'Ishvara façonnant une image de
Lui-Même et donnant à cette image la possibilité de
la vie indépendante : c'est le symbole de la mère qui
porte son enfant dans son sein. Aussi longtemps que
la vie de la mère passe à l'enfant qui se forme en
elle, transmettant à cette forme nouvelle tous les
aliments nécessaires à sa vie en formation, la vie
tout entière de l'enfant dépend de celle de la mère,
et le courant vital qui l'alimente est prélevé sur sa
propre vie à elle. La construction se poursuit, se
poursuit sans cesse, jusqu'à ce que le nouveau centre
de vie se soit affermi, mais, tant que ce centre ne
peut se soutenir par lui-même au sein des vibrations
du monde extérieur, il n'est pas donné à la forme
nouvelle, avec la vie qui l'anime, d'entreprendre sa
carrière indépendante. La vie d'Ishvara, maternelle,
nourricière, enveloppe de même les enfants de Son
amour, Il les alimente pareillement, Il les édifie lentement en Lui-Même à travers le cours des âges,
jusqu'à ce qu'ils soient capables de maintenir leur
propre centre dans la vie sans limites de l'Être
Unique et Suprême. — C'est là un second principe

dont il sera bon de vous souvenir sans cesse, au milieu des détails de l'évolution de la forme.

Voici enfin un troisième principe, qui se subdivise en deux, et l'exposé de nos principes fondamentaux sera suffisamment complet : il y a trois aspects, nous nous en souvenons, que le Moi doit développer à mesure qu'il évolue. A cette notion, nous devons joindre la compréhension de la nature de ces aspects, quand ils sont externalisés, car hier, faute de temps, nous n'avons pas déterminé avec toute la précision désirable la caractéristique extérieure de chaque aspect de vie. Comme ces aspects modifient l'évolution des formes, la forme ne peut être comprise, avant que n'aient été comprises ses relations avec les aspects de la vie.

Nous savons déjà que l'homme est appelé à manifester Connaissance, Béatitude et Être. Quand l'évolution atteindra des stages ultérieurs, ces attributs apparaîtront, en tant que pouvoirs ou facultés, dans le monde des formes, et la forme deviendra capable alors d'exprimer ces pouvoirs de la vie en évolution : — la Connaissance, manifestée à travers la forme, a comme pouvoir l'intelligence ; de même, la Béatitude a l'amour, et l'Être a l'existence. On peut exprimer ceci différemment et dire que les aspects fondamentaux se manifestent en tant que pouvoirs de l'intelligence, de l'amour et de l'existence ; autrement dit encore, la nature de l'intelligence est Connaissance, — la nature de l'amour est Béatitude, — la nature de l'existence est l'Être. — L'intelligence,

l'amour et l'existence de nos mondes sont manifestations de la Connaissance, de la Béatitude et de l'Être
du Moi. Chacun de ces termes représente un aspect
extérieur du Moi, comme son corrélatif représente
l'aspect intérieur, et ces natures caractéristiques cherchent dans la forme leur expression. La vie d'Ishvara et
celle du Moi cherchent pareillement leur expression,
dans le Kosmos et dans l'individualité. Dans le
Kosmos, elles constituent les plans de l'univers
manifesté, les cinq plans sur lesquels se déroule
notre évolution : ce qui se manifeste en tant qu'existence, le pouvoir de l'Être, a pour forme l'A'kâsha
du règne le plus élevé ; ce qui se manifeste en tant
qu'amour, le pouvoir de la Béatitude, a pour forme
matérielle Vâyu ; ce qui se manifeste en tant qu'intelligence, le pouvoir de la Connaissance, a pour
forme Agni. Ces trois tattvas sont les trois manifestations fondamentales dans la forme ; les deux
autres sont de simples reflets. Ce qui est l'amour
se reflète dans une forme inférieure de matière, —
la matière plus dense de Varuna, — il prend alors,
l'aspect de la passion et devient kâma, Ce qui est
l'existence se reflète dans la forme plus dense encore
de Prithivî et manifeste ce que nous appelons la
réalité objective : observez avec quelle symétrie ces
plans se correspondent les uns aux autres.

Imaginez une montagne, reflétée par un lac : si
vous gardez cette image bien présente à l'esprit,
vous saisirez exactement comment se produit la réflexion dont nous venons de parler. Il n'y a point

de réflexion de l'intelligence, parce qu'elle est la qualité centrale ; l'intelligence est en effet au centre
des cinq qualités énumérées plus haut, dont deux
se trouvent au-dessus et deux au-dessous. Si nous
regardons en haut, vers les régions supérieures,
nous voyons l'amour et l'existence se manifester
comme pouvoirs de Béatitude et de l'Être : c'est pour
ainsi dire la montagne. Jetez les yeux maintenant
sur le reflet dans le lac : le milieu de la montagne
a son image au milieu même du reflet dans le lac,
la rive est la ligne qui sépare l'objet de son image et
représente l'intelligence ; plus bas, au milieu de
l'image, nous trouvons la réflexion de l'amour qui se
manifeste en tant qu'émotion et désir ; dans les der-
nières profondeurs du lac, nous verrons enfin le
reflet du pic le plus haut, l'existence d'en haut, le
pouvoir de l'Être réel qui se reflète en bas sur le plan
de la matière physique, et produit cette existence
illusoire que l'homme appelle réelle. Retenez cette
image, car le principe de la réflexion en bas, de ce
qui est en haut est une des clés de la compréhension
à la fois de ce qui est en haut et de ce qui est en bas.
Il vous aidera à comprendre pourquoi l'amour émotionnel se transpose en dévotion et comment, dans
cette transmutation de l'émotion en cette forme plus
haute de l'amour qu'est la dévotion, il passe du plan
kâmique au plan bouddhique caractérisé par la Béatitude. Il vous expliquera de même pourquoi l'action,
qui est l'illusion par excellence, prend pour nous le
sens de la réalité : elle nous donne ce sentiment de

réalité particulièrement définie, parce qu'elle est la réflexion du réel, de l'existence même dont elle est la forme inférieure !

Tels sont les principes : essayons maintenant d'en suivre l'application dans notre étude de l'évolution de la forme ; si vous vous attachez fermement aux principes, l'étude du détail, des formes, vous semblera moins confuse, moins complexe, moins difficile ; vous ne vous égarerez plus au milieu des arbres, quand vous aurez une fois jeté un coup d'œil, de haut, sur la forêt dans son ensemble. J'ai entendu jadis le professeur Huxley employer cette comparaison pour donner une image des principes et des détails, et c'est en vérité une image suggestive.

Nous commençons donc l'étude détaillée de l'évolution de la forme. Cette évolution est comparable à un grand cercle, dont le tracé, commencé de haut en bas, s'achève de bas en haut ; il y a une grande différence entre l'arc descendant, moitié du cercle total, et l'arc ascendant, son autre moitié. Dans le premier, l'arc descendant, Ishvara confère qualités et attributs ; dans le second, l'arc ascendant, il façonne qualités et attributs en véhicules : telle est la grande différence entre l'arc ascendant et l'arc descendant. Dans l'arc descendant, la matière s'approprie des qualités ; dans l'arc ascendant, la matière est façonnée en véhicules, en enveloppes ou corps, selon le terme que vous préférerez. Un processus de différenciation se poursuit jusqu'à un certain point, puis, après un temps déterminé, les matériaux spécialisés sont assem-

blés, combinés en un véhicule, en une unité organi-
sée prête à servir de tabernacle au Moi.

La différenciation se produit d'abord, et le premier
pas en ce sens consiste à conférer des qualités à la
matière. Laissez-moi vous rappeler, en raison même de
la difficulté du sujet, qu'on appelle tattvas les formes
fondamentales de la matière; laissez-moi vous rappeler, une fois encore, ce passage du Vishnou Purâna
où il est établi que le tanmâtra du son produit A'kâsha,
autrement dit qu'une modification de la conscience
d'Ishvara produit cette forme déterminée de matière
que nous appelons l'atome d'A'kâsha; cet atome a
pour enveloppe une simple pellicule de matière très
subtile et renferme comme force interne la vie
vibrante d'Ishvara. On nous enseigne ensuite que
A'kâsha engendre (1) un autre tanmâtra, qui est le toucher, et qui, tout à la fois enveloppé et pénétré
d'Akâsha, produit la pellicule de matière plus dense
appelée Vâyu, les deux tanmâtras et l'A'kâsha cons-
tituant la force génératrice de ce nouvel atome.

Ce processus se répète tout au long des cinq
stages, si bien que, quand nous atteignons le plan
physique, nous y rencontrons un atome qui présente une paroi de matière plus dense, à l'intérieur
la vie involuée et à l'extérieur le champ magnétique
composé des tanmâtras supérieurs et de leurs enveloppes atomiques : l'atome de Prithivî consiste donc
en son propre tanmâtra, plus la matière et la vie

(1) Voir première Conférence, page 43 et suivantes.

d'Apas, la matière et la vie d'Agni, celles de Vâyu et celles d'A'kâsha; de telle sorte que, sur le plan physique, l'atome physique, représente une masse de cinq sphères qui s'interpénètrent, une masse dans laquelle sont présentes, en tant que vie, la matière et la vie tout ensemble des mondes plus élevés, tandis que l'enveloppe ou paroi de l'atome physique manifeste seule les caractéristiques du monde physique.

On ne saurait exprimer toute l'importance de ce fait pour l'évolution : en effet, chacune de ces enveloppes ou *koshas* (1) (l'étudiant védantin les appelle ainsi, et en fait il n'y a pas de meilleur terme) existe à l'état latent dans l'atome physique et autour de lui et, pendant l'évolution ascendante, chacun d'eux devient actif, se fortifie à mesure que l'évolution progresse, toutes les enveloppes étant vitalisées l'une après l'autre. Comment ces koshas pourraient-ils, en nous-mêmes, apprendre à répondre aux vibrations de la vie en évolution, si chacun d'eux n'existe en nous à l'état latent, attendant d'être appelé à l'activité? La possibilité de ce fait a son origine dans la constitution même de l'atome, avec toutes ses sphères de vie et de matière qui s'interpénètrent, avec ses enveloppes internes et externes. Ce n'est pas la seule notion acquise : à mesure que cette conception de-

(1) Voir pour les *Koshas* et *Tanmâtras* l'exposé du système védantâ dans le célèbre ouvrage classique de Cole-brooke, *Essai sur la philosophie des Hindous*, traduit par Panthier, Paris, Didot, 1833.

vient plus claire, nous apprenons à comprendre une
sentence qui nous a souvent embarrassés jadis : « L'esprit est privé de connaissance sur le plan de la matière. » Qu'est-ce que cela signifie ? l'esprit, l'essence
même de la conscience, privé de connaissance et impuissant sur le plan de la matière ? Et pourquoi ?
Parce que, si vous entendez ici par « l'esprit » le pur
esprit, il est dépourvu des enveloppes intermédiaires
qui permettent aux vibrations de la matière d'arriver
jusqu'à lui ; sans elles, il est effectivement incapable
de recevoir les vibrations du monde matériel et d'y
répondre : il demeure inconscient de leur existence
même, faute d'un *pont* qui permette aux vibrations de passer pour affecter la vie. Ce n'est là en
définitive qu'une déclaration extrêmement simple
de Mme Blavatsky, et c'est cependant une de celles
que j'ai entendu contester à maintes et maintes
reprises comme dépourvue de sens «... Comment en
effet la conscience pourrait-elle être inconsciente
dans une région quelconque ? » Un peu plus de
compréhension nous eût rendus moins prompts à
condamner ceux qui savent plus que nous ! Nous
aurons recours à cette idée pour nous aider à concevoir comment l'évolution peut avoir lieu.

Voyons maintenant comment Ishvara confère les
qualités sur l'arc descendant dont nous avons parlé :
les qualités conférées dépendront naturellement de
la nature des vibrations qu'Il émet et de la matière
qui leur répond. Quant à l'exactitude de cette proposition que « des vibrations différentes impliquent des

manifestations différentes », je me référerai pour
l'appuyer à la haute autorité de sir William Crookes :
il a publié (il y a deux ou trois ans, je ne me rappelle
plus à quelle date exactement; en 1896, je crois ?) une
table de vibrations (1), limitée bien entendu au monde
physique; cette table, fort intéressante, donnait une
série de vibrations classifiées, désignait celles que
la science a pu enregistrer et qui produisent les
phénomènes acoustiques, lumineux, électriques, etc.,
le degré de rapidité vibratoire caractéristique de
chacune d'elles, la détermination des milieux plus
ou moins subtils propres à les transmettre en produisant une impression recueillie en nous en tant que
sensation et provoquant une réponse ou expression.

Tel est le principe général que j'applique en ce
moment à notre système dans son ensemble : toute
matière est capable de transmettre des vibrations
dont le degré de rapidité dépend de sa densité
propre; Ishvara émet des vibrations, et la matière manasique, par exemple, entre dans un état
vibratoire correspondant : elle forme des ondes dont
la fréquence ou le rythme est identique à celui de l'impulsion vitale émanant de Lui, — identique bien entendu dans la mesure où elle est capable de répondre,
car cette matière est comprise entre des limites dé-

(1) Discours à la Société des Recherches psychiques de
Londres, Allocution présidentielle. Une traduction a été
publiée dans les *Annales des Sciences psychiques* du docteur
Dariex (Alcan, édit.) et aussi dans le *Bulletin de la Société
astronomique de France* (mars 1898) sous le titre : *Autres
mondes, autres êtres.*

erminées par sa subtilité d'une part et par sa densité de l'autre : la limite de subtilité est l'atome du plan, sa limite de densité est l'agrégat le plus compact de ces atomes formant le solide le plus dense du plan.

Si nous prenons pour un instant comme exemple le plan physique, nous y trouvons des solides, des liquides, des gaz, un éther, un éther plus subtil, un autre éther enfin plus subtil encore, et des atomes. Les cinq états de matière inférieurs sont en relation avec les cinq sens de l'homme, parce que ceux-ci sont actuellement développés sur le plan physique ; ils correspondent aux organes des sens et aux sens qui agissent par leur moyen ; ainsi que les noms des tanmâtras eux-mêmes le suggèrent, le solide correspond à l'odorat, le liquide au goût, le feu à la vue, l'air au toucher, et l'A'kâsha à l'ouïe. Cette énumération n'est pas présentée dans l'ordre consacré par la science occidentale, mais je n'ai pas le temps de détailler ici le pourquoi de ces différences, de vous montrer comment l'observation tout extérieure de la science échoue, parce qu'elle est incapable de franchir les limites des sens pour pénétrer dans un champ d'investigation plus subtile. En étudiant notre Vâyu et notre A'kâsha, le savant moderne les confond, son air d'autre part est notre Agni, etc.

Ces sens et leur évolution appartiennent à l'arc ascendant; dans l'arc descendant, Ishvara confère seulement à la matière le pouvoir de répondre à ces vibrations particulières, et ces vibrations sont en relations, sur le plan physique, avec les subdivisions

11

que je viens de mentionner, car les états divers de la matière, solides, liquides, gaz, éthers, etc., correspondent, dans les organes sensoriels, aux sens eux-mêmes.

Commençons notre étude, sur le plan mental, par l'Intelligence, et laissons à part les deux plans supérieurs de l'Existence et de l'Amour. Dans l'arc descendant, Ishvara émet des vibrations pour inciter la matière du plan mental à répondre, et les vibrations auxquelles cette matière répond (une catégorie déterminée de vibrations comprises entre certaines limites) sont appelées *vibrations mentales* ou *intellectuelles*. Vous demanderez peut-être pourquoi ce nom ? Pour la même raison uniquement qui, dans les tables de Sir William Crookes, fit distinguer, à l'aide de noms différents, les diverses classes de vibrations qui produisent le son, la lumière, etc., c'est-à-dire en vue de ranger dans la même catégorie, sous un nom commun, celles comprises entre les mêmes limites de puissance vibratoire ; entre certaines limites, les vibrations affectent l'éther, produisant « la lumière », et impressionnent l'œil ; de même, les vibrations comprises entre certaines autres limites de fréquence affectent la matière du troisième plan, et, quand elles sont recueillies par un organe apte à les faire converger en un centre, opération qui donne naissance à la Soi-Conscience, nous appelons l'organe « le mental », et l'opération exercée à travers cet organe « l'Intelligence ». Le nom en lui-même est arbitraire sans doute, ni plus, ni moins cependant qu'aucun autre nom ; nous définissons ces vi-

brations *mentales*, exactement comme une certaine
catégorie de vibrations éthériques est définie « lumineuse », comme l'organe apte à les concentrer est
appelé « œil », et l'action effectuée par l'œil « vision ». A moins de renoncer à la parole, il nous faut
bien faire usage de noms pour définir les diverses
classes de phénomènes ; c'est ainsi que nous em-
ployons le mot « mentales » ou » intellectuelles »
pour définir une catégorie de vibrations qui agissent
sur une sorte de matière déterminée, matière dont
est précisément formé, dans l'évolution ascendante,
l'organe que nous appelons le « Mental ».

D'une manière analogue, nous appelons « sensorielles » les vibrations qu'Ishvara émet dans la
forme de matière suivante par ordre de densité,
qu'on appelle Apas ou « astrale ». Il leur départit
la propriété de répondre au plaisir et à la peine et,
tandis qu'Il effectue cette descente rapide, sur
chaque plan, Il appelle à une existence nouvelle des
Dévas ou Êtres qui ont pour manifestation caractéristique la qualité de leur plan propre ; ainsi les
Dévas du plan mental ont pour qualité essentielle
l'intelligence ; les Dévas du plan immédiatement inférieur ont pour qualité principale la sensibilité ou
pouvoir de sentir ; ceux du plan le plus bas enfin ont
comme propriété principale le pouvoir d'agir, l'activité. Chaque classe de Dévas manifeste spécialement les qualités de son plan et, par le fait même
que ces Dévas incorporent dans leur Être la matière
du plan sur lequel ils vivent, ils aident à son évolu-

tion. Ils assimilent en effet cette matière, l'utilisent,
et par là la développent, puis ils la restituent au ré-
servoir général, exactement comme l'homme incor-
pore la matière physique, l'emploie dans son organisme et la restitue au monde physique. Quand ce
processus s'est répété sans relâche au cours des
âges, un moment arrive où la totalité de ce genre de
matière que nous appelons « mentale », ayant traversé les corps de ces Dévas, a contracté une tendance à répondre aisément aux vibrations de l'intelligence et se trouve désormais prête à être façonnée
pour constituer le corps mental d'un homme. La
matière du plan astral sert à former les corps des
Dévas de ce plan jusqu'à ce qu'elle ait acquis une
tendance de mieux en mieux définie à répondre au
plaisir et à la peine, quand des impacts l'impressionnent ; elle devient ainsi propre à servir à composer
des « *corps pourvus de sens* » sur le plan inférieur.
La descente rapide d'Ishvara met de la sorte à
l'œuvre, sur chaque plan, des Dévas qui lui correspondent, et prépare ainsi les chaînons intermédiaires
qui opéreront la construction des formes.

Le principe central de cette construction est que
chaque Déva édifie des formes avec la même matière
dont son propre corps est composée. Préparée par
cette évolution antérieure, pourvue de propriétés à
l'état latent, qui ont été développées au cours de la
descente de la vie d'Ishvara, dans l'arc ascendant la
matière est agglomérée en formes déterminées, corps
de plantes, d'animaux ou d'hommes; des véhicules

déterminés sont ainsi organisés, au moyen desquels la conscience la plus haute peut communiquer avec le monde le plus inférieur et en recevoir les vibrations.

Après avoir embrassé d'un coup d'œil la descente, examinons maintenant l'ascension : chaque germe de matière est désormais pourvu de certaines qualités, chaque atome physique a une série d'enveloppes qui l'entourent en s'interpénétrant ; l'enveloppe de matière astrale avec sa faculté de répondre à la sensation, l'enveloppe de matière mentale avec sa faculté de répondre aux vibrations intellectuelles, aussi bien que les enveloppes (si on peut les appeler ainsi) de matière correspondant aux deux plans supérieurs, Amour et Existence, — enveloppes qui n'entreront pas en activité avant bien, bien longtemps ; tout est là.

Ishvara entreprend donc le grand stage de maturation dont j'ai parlé, la constitution d'un centre, et son premier ouvrage consiste à façonner cette matière toute préparée en formes physiques, avec le concours de tous les Dévas du plan physique, prêts à agir comme agents sous Son impulsion et sous la direction du chef des Dévas du plan physique ; tous ces innombrables agents intermédiaires sont nécessaires, car les formes sont innombrables et chacune d'elles doit être laborieusement façonnée.

La formation des corps physiques débute par la construction des minéraux ; quand un corps minéral est formé, un cristal par exemple, cristal d'un élément ou d'un sel, une forme déterminée est cons-

truite par un Déva du plan physique : Il y emploie
la substance de son propre corps et de la matière du
plan physique de nature similaire à la sienne, puis Il
commence à modeler ces formes de cristaux. Il les
construit sur le modèle de l'énergie vitale, émanée
d'Ishvara Lui-même, selon ces lignes que la Science
appelle « les axes du cristal » ; des lignes « imaginaires » ; *imaginaires* ? oui sans doute, mais issues
de l'imagination créatrice d'Ishavara, infiniment plus
puissante que la matière qu'Il façonne ! Cette matière
inférieure obéit à l'imagination créatrice du Seigneur,
et ces lignes imaginaires régissent le modelage du
cristal que le Déva construit. Tyndall ne croyait
pas à l'opération des Dévas et cependant, dans une
conférence qu'il fit sur les cristaux devant un audi-
toire populaire à Manchester, il déclara que, quand il
cherchait à se représenter la construction d'un cristal,
il se surprenait à imaginer de menus architectes à
l'ouvrage, ajustant des atomes avec une précision
rigoureuse, déployant toute l'intelligence et tout le
savoir-faire dont un architecte humain peut faire
preuve pour construire un édifice. Tyndall disait plus
juste qu'il ne pensait. Son imagination rendait à la
vérité un témoignage plus clairvoyant qu'il ne s'en
rendait compte ; c'est en effet le privilège de l'homme
de génie passionnément attaché à la vérité (comme
Tyndall qui était prêt à rompre toutes les attaches
des dogmes plutôt que de trahir sa conception de la
vérité), d'avoir des aperçus intuitifs inconscients sur
la vérité qu'il cherche, de sorte que ses paroles ren-

ferment une signification plus profonde que lui-même n'imagine ! Tyndall était sage quand il recommandait ce qu'il appelait « l'essor scientifique de l'imagination «, car cette faculté de « l'imagination » est extrêmement utile : ne coupez jamais les ailes de votre imagination, quand vous êtes plongés dans votre ouvrage scientifique, car il pourra souvent arriver qu'elle vous fasse entrevoir des vérités que vous n'eussiez jamais découvertes sans son aide !

Nous venons de voir comment les Dévas agissent pour construire les cristaux. Ces cristaux possèdent certaines qualités remarquables ! Le professeur Japp nous apprend que certains d'entre eux dévient d'une façon particulière un rayon de lumière polarisé (1); il ajoute qu'il existe, en certaines de ces formes cristallines, un pouvoir directeur parent à quelque degré de l'intelligence dans l'homme ; il est bien parent en effet de l'intelligence humaine, puisque celle-ci en est, en quelque sorte, le descendant et développe sous nos yeux les pouvoirs hérités de ce parent lointain ! La construction se poursuit dans le règne minéral tout entier à travers de longues périodes, auxquelles nous ne pouvons nous attarder ; elle donne graduel-

(1) Polarisation rotatoire liée à l'hémiédrie cristalline, c'est-à-dire à la suppression de certaines facettes causant ainsi une dissymétrie moléculaire. Voir les travaux de Pasteur sur les acides tartrique et racémique dans les traités de Physique.

(2) Voir également *Revue Théosophique française*, juin 1901, l'article intitulé : « Phénomènes de vie dans les cristaux. — Une visite au professeur von Schoen. »

lement à la matière le pouvoir de changer de forme, dans des limites de plus en plus étendues, sans perdre sa cohésion; c'est là ce qu'on appelle *plasticité* ou pouvoir de changer de forme sans désintégration. La matière acquiert aussi ce que la Science appelle « *élasticité* » (1).

A mesure que la vie se développe, l'équilibre des éléments dont se compose la forme devient de plus en plus instable, tandis qu'en même temps (2) la cohésion de cette forme en général augmente. Quand nous passons aux formes les plus hautes, au corps humain par exemple, nous y rencontrons, à un degré plus élevé que dans aucune autre forme, le pouvoir de maintenir la position centrale, joint à plus de plasticité et d'élasticité à la fois; c'est pourquoi l'homme peut s'acclimater au froid des régions polaires, à la chaleur des tropiques et de l'Équateur, sans qu'ils détruisent son corps, comme aucun animal inférieur ne pourrait le faire ; c'est dire qu'il a le

---

(1) Qu'est-ce que l'élasticité ? Ce n'est pas seulement la propriété des corps susceptibles d'allongement, comme pensent les gens qui appellent une chose élastique quand elle peut se distendre à la façon du caoutchouc. Un corps élastique au sens courant du mot peut n'être pas un corps élastique au point de vue scientifique ; c'est ainsi que le verre, si étrange que cela puisse paraître, est beaucoup plus élastique que le caoutchouc, et cependant le verre ne se distend pas, le verre est cassant l l'élasticité, suivant sa définition exacte, est la propriété de recouvrer la forme originale après déformation, et c'est cette propriété que la matière acquiert graduellement. (*Note de l'auteur.*)

(2) Voir l'*Anatomie expérimentale* de GASTON BONNIER.

pouvoir d'accommoder son corps physique aux conditions extérieures à un bien plus haut degré qu'aucune autre forme.

Revenons au règne minéral, que nous avions abandonné un moment, et voyons le stage suivant de son évolution : Ishvara peut maintenant distendre et modifier ses matériaux un peu plus qu'il n'était précédemment possible de faire, sans les réduire en pièces. Il commence alors à façonner les formes du règne végétal et, là encore, il dispose des axes directeurs pour leur croissance, des axes aussi « imaginaires », aussi réels en vérité par leur puissance directrice que dans le cristal ; ils n'y sont pas toujours aussi faciles à discerner, mais ils n'en sont pas moins là. Toute la matière végétale est rapportée et assemblée suivant ces axes, et la classification naturelle des plantes est largement déterminée par les relations numériques existant entre les diverses parties. Ainsi la loi des nombres détermine la forme.

A mesure que la matière devient plus plastique et prête plus aisément à la vie qu'elle enclôt, on voit éclore l'aurore de la sensation dans les représentants supérieurs de ce règne. Ce phénomène est dû à la vivification, qui commence à se produire dans l'enveloppe immédiatement supérieure à l'enveloppe physique, composée de matière dite « astrale », de cette matière qui tend à faire partie du « monomaya kosha » des Védantins ; nous y remarquons une sensibilité, une faculté sensorielle, bien minime dans le monde végétal, mais présente cependant et beaucoup plus développée

déjà, quand le végétal possède une expérience prolongée de la vie séparée. Prenons pour exemple un
arbre centenaire et voyons à quel degré nous trouverons en lui la sensation naissante, ou même des rudiments de qualités mentales, bien que j'ose à peine
risquer le mot. Dans cet arbre, la vie répond aux vibrations reçues de l'extérieur, causées par le froid et
la chaleur, par le vent et la pluie, par le soleil et la
tempête, et, quand son enveloppe physique est édifiée, complètement développée par les Dévas qui s'y
emploient, la matière éthérique de cet arbre est constamment mise en vibration par les changements de
température, de clarté, de conditions électriques, etc.
Les vibrations des éthers qui pénètrent le corps
physique sont transmises sur le sous-plan atomique,
et comme les atomes du plan physique ont leurs
spires faites avec la matière la plus dense du plan
d'Apas ou matière astrale, un léger tressaillement est
imprimé à la matière la plus dense du plan astral,
d'où il résulte un faible mouvement de l'arbre, auquel
la vie intérieure répond par une *sensation*, sensation
diffuse, massive en quelque sorte, de plaisir et de peine.

Quand vous traversiez une forêt, n'avez-vous jamais
senti comme si la nature jouissait du rayonnement
du soleil ? Cette sensation de plaisir se manifeste d'une
façon beaucoup plus frappante encore quand la saison chaude touche à sa fin, quand les premières pluies
rafraîchissent le sol altéré, quand la végétation presque desséchée propage un frémissement conscient
de joie, de vie renouvelée. Les arbres eux-mêmes et

les buissons se réjouissent quand vient la pluie, mes-
sagère de vie et d'espérance ! A ce moment, nous
reconnaissons que le monde végétal est doué de sensibilité, bien que ses sensations soient obtuses et
diffuses, ou comme on dit « d'un caractère massif ».

Vous m'excuserez si j'ouvre ici une parenthèse, pour
vous signaler dans ce fait une des raisons qui nous
créent vis-à-vis du monde végétal le devoir de ne pas
infliger inutilement à sa sensibilité naissante la sensation de souffrance ; nous vivons trop insouciants,
mes Frères, dans un monde où tout vit, où n'existe
pas un atome qui soit mort, et cette constatation est
tout particulièrement triste dans ce pays où exista
jadis un si profond respect pour la vie. Ce respect,
hélas ! est en voie de disparaître : vous oubliez aisément que toute vie est manifestation d'Ishvara, que
la faculté de répondre que possède la forme dépend du
stage qu'Il a atteint dans les degrés inférieurs de la
Soi-Évolution. Aux temps anciens, quand un homme
prenait des aliments, je me souviens avec quelles
actions de grâce il s'approchait de cette nourriture,
parce qu'elle sacrifiait sa vie pour alimenter la sienne.
Quoique les végétaux dont il se nourrissait ne possé-
dassent pas les facultés sensorielles délicates que nous
rencontrons dans l'animal, bien qu'ils fussent limités
aux sensations minimes du monde végétal, malgré
tout, l'Hindou s'en approchait avec respect, il les
recevait avec amour et gratitude, comme un sacrifice
fait en sa faveur : cette vie inférieure se donnait à
lui pour contribuer à son développement ! Aujour-

d'hui, cette douce gratitude est si bien perdue pour beaucoup d'Hindous qu'ils font peu de cas du sacrifice de la vie, non pas seulement dans le règne végétal, mais même des formes infiniment plus sensibles qu'Ishvara a développées dans le règne animal de son monde! Il se trouve des hommes, conformés extérieurement comme des Hindous, ayant leur couleur, eur forme, leur visage, qui se glorifient de descendre de l'antiquité, qui dans leur esprit s'estiment supérieurs aux races occidentales et ces hommes oublient la vie du Moi o.. présent dans la création sensible, ils nourrissent leur corps avec les corps de leurs humbles frères, sans avoir aucune conscience du sacrifice accompli, sans éprouver même une gratitude passagère envers la vie qui s'est donnée pour eux !

Revenons à l'exposé de l'évolution des formes. Ishvara, couvant en quelque sorte les formes en évolution, continue son patient ouvrage — patient, en sorte que nulle forme ne soit jamais brisée par une tension excessive, qu'elles soient au contraire lentement développée et deviennent le véhicule de la vie qui les anime. Il vit dans toute forme et guide son évolution mais, avec une patience illimitée, Il limite les manifestations de Sa vie aux pauvres capacités de la forme, afin qu'elle croisse au lieu d'être brisée. Vous rappelez-vous une vieille histoire d'antan à laquelle nombre d'entre vous auraient honte de donner créance ? n'êtes-vous pas gradués, en effet, et, quoique descendants des races antiques, pourvus des diplômes de la Science occidentale ? Comme tels,

vous n'avez que faire de pareilles légendes !... Et
moi cependant dont l'Occident forma la pensée, je
n'éprouve nulle honte à confesser ma croyance en
ces choses étranges qui nous sont transmises des
temps où la vérité était moins voilée qu'à présent.

J'ose donc vous remémorer cette histoire, bien que
vous puissiez penser que c'est une simple fable, une
légende. Il y avait un jeune garçon nommé Prahlâda,
qui croyait en Vishnou ou Hari, mais son père n'y
croyait point : ce jeune garçon eut maintes épreuves
à traverser, mais sa foi en l'Être Suprême le protégea
toujours ; un jour, son père lui dit par moquerie, en
se tournant vers un pilier de sa demeure : « Tu me
dis que Hari est partout? est-il aussi dans ce pilier ? »
« Hari, ô Hari ! invoqua l'enfant », et aussitôt un
Avatâra de Vishnou, sous la forme d'un lion, s'élance
hors de la colonne, qui au moment même se brisa en
pièces. IL est bien vraiment partout, dans chaque
molécule de matière ; il n'y a pas une parcelle d'où
IL ne puisse sortir avec toute la puissance et toute la
majesté de Sa Divinité ! Mais IL ne veut pas le faire,
parce que la forme ne peut supporter une telle manifestation et serait mise en pièces par l'apparition du
Dieu : vérité profonde, même pour qui n'accepte cette
histoire que comme une allégorie, un symbole qui
nous enseigne la signification vraie de l'évolution.

Ishvara poursuit ainsi. Son œuvre, d'âge en âge,
æon après æon, avec cette merveilleuse patience dont
je vous parlais, jusqu'à ce que la matière soit devenue
suffisamment plastique pour servir à façonner la

forme en qui Sa vie la plus haute doit commencer son développement, la forme humaine. Pour édifier cette forme, Il commence par fortifier beaucoup le centre qu'elle est appelée à protéger pour quelque temps. Laissez-moi vous dire en passant une chose que j'ai omise : quand une forme a atteint le plus haut point de développement qui lui soit possible, son maximum d'expansion, Il la brise, afin que la vie qui la vivifie puisse continuer à croître dans une forme nouvelle, mieux appropriée à ses besoins : Il sait quand il importe de briser ou de préserver ; Il sait quand il convient de détruire ou de protéger ; aussi, dès qu'une forme a atteint sa limite de développement et que sa matière est incapable de *prêter* davantage, Il la met en pièces, de manière que ses éléments se recombinent sous l'impulsion vitale pour composer un organisme plus plastique et que la vie, animant une forme plus haute, mieux apte à exprimer ses pouvoirs accrus, puisse atteindre ainsi un plus haut degré d'évolution.

Nous appelons « mort » cette désagrégation de la forme, nous n'y pouvons songer sans un recul de terreur ; son nom seul, prononcé devant nous, dans l'agitation et l'ardeur de notre vie, jette une note pénible et nous donne un choc ; et cependant, comme je vous le disais au début, vous pouvez voir clairement que la mort est l'œuvre bienfaisante d'Ishvara, qui brise une forme devenue prison, afin de donner à la vie une forme nouvelle dans laquelle elle puisse continuer à croître. Il brise la forme devenue rigide, quand elle ne peut plus se développer davantage, et donne à la

vie la forme plastique d'un petit enfant, plus mal-
léable pour la force vitale interne qui la façonne, se
prêtant aux moindres impulsions venues du dedans.
Il semble donc que, si nous savions voir les choses
sous leur vrai aspect, nous devrions saluer la mort
comme une renaissance, plutôt que d'y voir une destruction, car, envisagée au point de vue de la vie,
chaque mort représente la naissance d'un être aux
possibilités plus hautes d'une forme nouvelle, qui s'a-
daptera d'elle-même à la vie en voie de développement.

Lorsque l'homme entreprend son long pèlerinage,
une forme est toute prête pour qu'il la vivifie, toute
préparée à recevoir les impacts des plans physique,
astral et, dans une faible mesure, mental et à leur
répondre ; les atomes physiques de ce corps ont un
degré d'évolution considérable, l'enveloppe sensorielle fonctionne activement(1), et l'enveloppe mentale
inférieure existe déjà, quoique à l'état très imparfait.
Tous ces corps ont été édifiés antérieurement, au
cours de l'évolution du règne animal. Prenez garde
ici de tomber dans l'erreur, commune en Occident,
qui consiste à dire que l'homme descend de l'animal ; cela est inexact, ce n'est qu'un fragment de la
vérité incomplètement aperçue et par suite faussée(2).
La vérité, la voici : la matière des véhicules humains
inférieurs a été préparée par l'évolution à travers les

(1) Voir Izoulet, la Cité moderne, p. 86 : « Genèse des facultés
sensorielles chez l'animal physique. »

(2) Voir la Doctrine secrète, de Mme H.-P. Blavatsky, vol. I,
sect. VII, p. 212 (Lib. de l'Art Indépendant, Paris).

stages des règnes élémental, minéral, végétal et animal pour pouvoir être édifiée en forme humaine. Au *cours des kalpas antérieurs*, des formes ont en effet été évoluées qu'on peut approximativement dépeindre comme semi-simiesques et semi-humaines, mais elles n'ont jamais été habitées par le Triple-Moi et appartenaient par conséquent au règne animal, non pas au règne humain ; au début du présent cycle, la forme humaine a évolué comme évolue un fœtus, traversant rapidement les stages inférieurs, pour atteindre le stage humain, comme cela a lieu pendant la vie prénatale, et elle porte par conséquent l'empreinte des stages qu'elle a traversés... J'ai tenu à vous esquisser à grands traits les stages franchis dans le passé par la matière dont les corps humains se composent ; cela suffira à vous faire voir que la véritable théorie de l'évolution est toute différente de l'opinion mal informée d'après laquelle une succession régulière et ininterrompue d'incarnations conduirait de l'animal à l'homme. La matière a été rendue plastique dans l'animal, mais l'homme total dans sa forme est le produit d'une opération plus élevée : le germe de sa vie ne peut se développer que dans un homme et jamais dans l'animal, parce qu'il a été involué davantage en lui, et les germes involués doivent se développer suivant une ligne qui est la ligne directe de la croissance humaine. Rappelons-nous ce point, pour éviter une conception erronée, et retournons au centre humain que nous avons vu définitivement formé.

Nous qualifions la forme qui l'environne « corps causal », ou « Karana Sharîra », la forme qui limite le Moi. Le Karana Sharîra n'est pas le Moi, souvenons-nous-en bien, c'est le véhicule qui contient le Triple-Moi et l'organe d'un aspect particulier de ce Moi, l'aspect de la conscience manifestée en tant qu'Intelligence. Cette enveloppe est importante, en raison de sa nature relativement permanente ; elle persiste en effet d'incarnation en incarnation, la mort ne l'atteint pas, la naissance ne la modifie point. C'est le réceptacle où s'amasse le trésor des qualités acquises par l'expérience au cours de l'évolution humaine, et, comme tel, il se transmet à travers le cycle tout entier des réincarnations ; c'est là véritablement la *caractéristique humaine* propre. La forme commence à s'adapter de plus en plus étroitement à la vie, et c'est là qu'apparaît une difficulté grandissante : la caractéristique de la vie humaine est la vie de l'intellect, c'est la partie proprement « humaine » de l'évolution, mais la vie de sensation est beaucoup plus intense, plus tumultueuse au commencement, et la forme, dans les stages primitifs, est spécialement apte à répondre à ces impulsions-là.

Vous vous demandez peut-être pourquoi l'homme n'a pas reçu, dès l'origine, un corps mental uniquement pour accomplir son évolution ? pourquoi il faut qu'il peine pendant toute la durée de l'évolution du corps sensoriel ? La réponse est aisée : si l'homme omet un seul stage, il lui sera impossible de constituer tous les chaînons indispensables pour parvenir à la continuité de sa conscience intégrale. L'homme parfait, terme de l'évolution, est conscient sur tous les plans, du Nirvâna au plan physique et du plan physique au Nirvâna ; le Jîvanmukta, parvenu à la continuité de conscience ininterrompue, vit et agit sur tous les plans : il ne lui manque aucun chaînon. Ainsi donc, pendant qu'il édifie son corps de sensation, si l'homme n'établit certains centres ou *Chakras* (1) et (cette concentration étant l'œuvre de l'arc ascendant, comme l'acquisition des qualités est l'œuvre de l'arc descendant) s'il ne concentre pas ses facultés sensorielles en des centres déterminés, dans l'enveloppe de son corps astral, il demeurera dépourvu des chaînons indispensables pour recevoir les impacts du plan astral et, inversement, pour lui transmettre les tressaillements de sa conscience, au moyen desquels il peut agir sur lui, le dominer et le gouverner. Voilà pourquoi se prolonge si longuement la condition sauvage où la vie sensuelle joue le premier rôle. Pendant cette période, les chakras astraux sont édifiés comme centres de sens, ils sont construits fermes et forts ; les organes extérieurs, œil, oreille, langue, épiderme, etc., sont seulement les organes nécessaires au corps physique pour l'expression de la conscience au travers de ces chakras.

Si nous embrassons d'un coup d'œil l'évolution des formes, nous constatons que la construction des rganoes est postérieure à l'exercice des fonctions

---

(1) Voir *la Sagesse antique*, vol. I, p. 111 (Balat, Bruxelles).

vitales. Il n'y a pas d'organes dans les formes primitives, et cependant nous y voyons les fonctions
vitales présentes et actives ; de telles créatures res-
pirent et assimilent, leur circulation suit son cours,
et cependant elles n'ont pas d'organes pour la di-
gestion, point d'organes pour la respiration, point
d'organes pour la circulation ; le corps entier fait
tout indistinctement. mais l'évolution se poursuit,
des organes déterminés se forment dans le corps
physique et dans le système nerveux ; plus tard des
chakras ou centres astraux de sensation se forment à
leur tour dans le corps astral et, à mesure que tout
ceci se développe, nous nous trouvons en présence
d'un être pourvu d'organes, dont la spécialisation est
de mieux en mieux définie. En règle générale, la
fonction précède toujours l'organe, l'organe est simplement un moyen pour la fonction de s'exprimer
plus et mieux : c'est là un principe fondamental, et
avec ce principe, ne l'oubliez pas, vous vous tenez
sur ce qu'on regarde comme le terrain le plus assuré
de la Science occidentale. Vous ne voyez jamais un
organe apparaître, avant le développement de sa
fonction ; vous constatez toujours l'impulsion vitale
d'abord, puis le moulage de la matière suivant une
forme qui donne à cette impulsion le moyen de s'exprimer plus complètement. Si nous suivons la marche
ascendante de l'évolution à partir de l'amibe (1),
nous voyons la différenciation et la spécialisation

(1) Voir Izoulet, *la Cité moderne*, p. 18. « Ce que c'est
qu'une amibe. »

s'accentuer d'une façon constante... et cependant la Science prétend esquiver la conclusion logique de ces principes. Au moyen de ce cerveau même qui fut façonné par les vibrations de l'intelligence, l'homme intervertit le processus entier et déclare la pensée un produit du cerveau ; en réalité, tout organe est formé pour exercer une fonction, il est produit par la vie et n'en est pas le créateur.

Le processus se poursuit jusqu'à ce que les organes nécessaires soient construits et le système nerveux relié aux chakras du corps astral, principalement par l'intermédiaire du système sympathique. Il y a, dans ce système, certaines cellules nerveuses d'une espèce toute particulière dont la Science vous donne la forme et le contenu, sans guère aller au delà ; ce sont précisément les chaînons qui transmettent la conscience du corps physique au corps sensoriel ; ensuite viennent les chakras déjà indiqués comme centre d'activité de la conscience dans le corps astral. Un processus analogue s'accomplit dans le corps mental, sous l'action des impulsions intellectuelles, et nous nous trouvons ici encore en présence d'un corps organisé, apte à répondre à divers genres de pensée, et par suite à servir d'organe à la conscience pour s'exprimer dans le monde mental. Au fur et à mesure de notre croissance mentale, nous édifions nos organes de conscience.

Si nous passons à la partie pratique de la construction de la forme, nous apprenons que l'homme peut approprier son corps sensoriel à une fin plus haute, en réprimant l'impulsion vitale toutes les fois qu'elle s'élance à la poursuite des objets des sens. « Ces objets se détournent peu à peu de l'Habitant du Corps, quand il persévère dans l'abstinence...!! » (1) est-il écrit, et, à mesure que le monde inférieur cesse d'attirer, le monde supérieur commence à employer la forme en vue d'objets plus hauts.

Si nous désirons accroître notre puissance mentale, nous devons nous exercer à penser avec fermeté et réprimer le vagabondage de l'intellect dans le monde des phénomènes. A vrai dire, nombre de gens ne pensent jamais. Ce qu'ils appellent « leurs pen sées » n'est autre chose que la réflexion des pensées d'autrui, auxquelles leur conscience répond; leur intellect est un miroir et non plus un organisme créateur. Oui, l'intellect de biens des gens est, je le crains, un simple miroir qui reflète les objets situés devant lui ; combien d'hommes se disent en contemplant ces reflets : « Voyez ! comme je pense ! » alors qu'ils se bornent à reproduire les pensées des autres ! Eh bien ! nous ne voulons pas être de simples miroirs : quand les objets du monde extérieur donnent naissance à des images, c'est l'ouvrage de l'intellect de les travailler, de les analyser, de les réarranger et de les combiner , la pensée est l'opération de l'intellect sur les images mentales fournies par le moyen de la sensation, son opération sur des matériaux qui ont été graduellement accumulés par l'expérience. Un tas

(1) *Bhagavad Gîta*, 11, 59.

de briques n'est pas un édifice : les pensées d'autrui
reflétées ne sont pas davantage la pensée ; ce sont
des matériaux pour penser, rien de plus. La pensée
est l'œuvre de l'architecte qui assemble les briques
et les ordonne dans la forme d'un édifice déterminé ;
nous n'avons nul droit de prétendre au titre de *penseurs*, tant que nous n'avons pas réellement construit
des pensées dans notre intellect.

Pratiquez cette pensée indépendante :. c'est une
tâche difficile ! vous ne saurez même pas combien,
avant d'avoir essayé ! Ne laissez jamais passer un
seul jour sans lire quelque chose qui vous fournisse
des matériaux de pensée : peu importe si ce n'est
pas un livre religieux ; si c'est un ouvrage intellectuel, il fortifiera votre intellect ! Quand même vous
laisseriez de côté les lectures spirituelles, avec les
hautes possibilités qu'elles renferment, prenez un
beau livre, digne d'être pensé, non pas un journal, ni
une nouvelle à sensation, ni un livre enfantin, mais
un livre, un livre original et substantiel, ce que
Charles Lamb appelait *un livre* enfin. Lisez, mais
pas trop, pas plus de quinze ou vingt lignes peut-
être ; que votre pensée revienne et revienne encore
sur ces quelques lignes, qu'elle s'appesantisse sur
elles, trois fois autant de temps qu'il vous en a
fallu pour les lire lentement. Recommencez chaque
jour sans en passer un seul. Vous trouvez le temps de
dîner...? Si vous avez le loisir d'alimenter votre corps
et de causer, pourquoi ne trouveriez-vous pas le temps
d'alimenter votre intelligence ? Si vous observez ces

règles, votre intellect croîtra rapidement. Si vous ne
voulez pas adopter cette règle définitivement, de confiance, faites-en l'expérience pendant trois mois par
exemple, sans jamais manquer un jour (si vous man-
quez un jour, vous reculerez, vous perdrez le bénéfice
de l'automatisme mental). Faites-en l'expérience pendant trois mois, comme un savant fait une expérience
quelconque ; entraînez pendant trois mois vos facultés
d'attention soutenue et de réflexion et, à la fin de ce
laps, vous serez tout surpris en constatant leur développement.

Quand vous vous serez soumis à cette expérience,
vous n'aurez plus besoin de conférencier pour vous
décrire les avantages de ce contrôle de la pensée, car
vous vous serez prouvé à vous-mêmes son utilité.
Prenez une faculté après l'autre pour l'exercer, le rai-
sonnement, puis la mémoire, la faculté de comparer,
d'établir des contrastes ; prenez une faculté comme
d'autres prennent un sujet d'étude et travaillez-la jusqu'à ce que vous soyez un artiste dans cette faculté
particulière.

C'est ainsi que la forme se façonne, quand le Moi
humain commence à collaborer à l'œuvre d'Ishvara,
quand le centre commence à exercer un contrôle sur
ses véhicules : il rationalise leur opération, il les édifie,
il les transforme progressivement. Après nombre
de vies consacrées à cet ouvrage, l'heure vient enfin
de mener la vie de Yoga ; l'homme peut alors apprendre le moyen de faire des progrès plus rapides, de vivi-
fier les enveloppes internes plus subtiles de son être,

au moyen de certaines pratiques qui lui seront ensei-
gnées aussitôt qu'il sera prêt, mais qui ne lui seront
jamais communiquées avant qu'il soit *vraiment prêt*,
quand même il parcourrait le monde entier à la recherche d'un Gourou et mènerait la vie d'un ascète,
dans une caverne ou dans la jungle ! Ces pratiques
ne suffisent pas, tant que ses désirs restent indomptés
et son intelligence frivole. Quand les sens seront do-
minés et l'intellect contrôlé, --alors et pas avant, mais
aussi certainement alors que l'insuccès était aupa-
ravant assuré, — un Gourou apparaîtra : il prendra
l'homme par la main et le conduira sur *le sentier étroit
comme le fil d'un rasoir*, sur le Sentier accessible aux
seuls hommes dont les sens sont soumis et dont
l'âme est ferme, car la chute d'un côté comme de
l'autre implique un long retard durant bien des vies
à venir.

Alors se développe cet aspect de la Béatitude, qui
se manifeste extérieurement en tant qu'amour : on
perçoit un faible reflet de cette béatitude à plusieurs
stages de la méditation. La joie naît en vous, elle
jaillit, elle vous enveloppe de plus en plus étroitement, jusqu'au moment où la transe du Yogi vous
conduit au véritable A'nanda. l'essence de la Beauté
dont l'ineffable délice vous fait palpiter sous ses
vibrations subtiles. Et, à un stage que vous pourrez
atteindre quand une longue évolution aura tout
purifié, plus tard, beaucoup plus tard, viendra l'ascension suprême, le moment où la matière la plus
subtile deviendra le véhicule du centre parfaite-

ment développé, — non plus une limitation nécessaire,
mais un véhicule obéissant, prêt à servir en cas de
besoin, se dissipant dès qu'il cessera d'être utile.
Selon la sentence des Écritures, « la possibilité de
toutes formes réside dans l'A'kâsha » : la vie qui a
atteint l'Existence en Soi est devenue un Être capable de s'envelopper d'une forme quelconque, en
amassant l'A'kâsha autour de Lui; Il peut ainsi
construire un véhicule après l'autre, jusqu'à ce qu'Il
ait construit pour Son usage la série entière des véhicules humains, mais aucun d'eux n'est plus une prison
pour Lui, nul ne Le conditionne. Nous disons alors
qu'un homme est un Jîvanmukta. Il est libre, toute
matière Lui est soumise, Il l'emploie s'Il en a besoin,
Il la rejette s'Il n'en a que faire; toutes les régions
du monde sont à Lui pour qu'Il en dispose, nulle
n'est sienne en ce sens qu'elle puisse Le conditionner.
Il est libéré et, en tant que Moi affranchi, Il peut, s'il
Lui plaît, continuer à aider les hommes, Ses frères,
et demeurer, comme Shri Shankarâchârya nous l'a
enseigné, jusqu'à la fin de Son âge, pour hâter l'ascension de l'Humanité.

C'est ainsi que se forment les auxiliaires d'Ishvara
pour aider l'humanité; Ceux qui, après avoir traversé
toutes les souffrances, jettent tout ce qu'Ils ont
acquis aux pieds du Seigneur, Ceux qui retournent
au monde, non plus pour être conditionnés par lui
mais pour mieux accomplir la Loi de Compassion qui
est la Vie même d'Ishvara. Aussi longtemps qu'Ishvara
voudra demeurer manifesté, Celui dont la volonté est

devenue une avec celle d'Ishvara restera, Lui aussi, manifesté. Il n'a rien à gagner, rien à apprendre, rien à recevoir dans l'immensité des mondes. Il se tient à côté de Son Maître, comme un organe approprié à l'expression de cette Vie plus haute, n'existant plus pour rien, ni pour Lui-même, mais comme un canal de la vie de Dieu. Telle est la récompense à laquelle nous sommes appelés, tel est le but auquel nos cœurs aspirent!

TABLE DES MATIÈRES

L'ÉVOLUTION DE LA VIE ET DE LA FORME

ÉTUDE GRADUÉE

DE L'ENSEIGNEMENT THÉOSOPHIQUE

4233. — TOURS, IMPRIMERIE E. ARRAULT ET Cⁱᵉ.

4233. — TOURS, IMPRIMERIE E. ARRAULT ET Cⁱᵉ.

www.ingramcontent.com/pod-product-compliance
Lightning Source LLC
Chambersburg PA
CBHW070354090426

42733CB00009B/1410